COME ADOTTARE UNO STILE DI VITA STOICO

ANDREAS ATHANAS

© Copyright 2019 – Tutti i diritti riservati.

Il contenuto di questo libro non può essere riprodotto, duplicato o trasmesso senza il permesso scritto dell'autore o dell'editore.

In nessuna circostanza sarà imputata alcuna colpa o responsabilità legale nei confronti dell'editore, o dell'autore, per eventuali danni, riparazioni o perdite monetarie dovute alle informazioni contenute in questo libro, direttamente o indirettamente.

Avviso legale:

Questo libro è protetto da copyright. Questo libro è solo per uso personale. Non è possibile modificare, distribuire, vendere, utilizzare, citare o parafrasare alcuna parte o il contenuto di questo libro, senza il consenso dell'autore o dell'editore.

Disclaimer di responsabilità:

Si prega di notare che le informazioni contenute in questo documento sono solo a scopo educativo e di intrattenimento. Tutti gli sforzi sono stati eseguiti per presentare informazioni accurate, aggiornate e affidabili e complete. Nessuna garanzia di alcun tipo è dichiarata o implicita. I lettori riconoscono che l'autore non è impegnato nella fornitura di consulenza legale, finanziaria, medica o professionale. Il contenuto di questo libro è stato derivato da varie fonti. Si prega di consultare un professionista con licenza prima di tentare qualsiasi tecnica descritta in questo libro.

Leggendo questo documento, il lettore accetta che in nessuna circostanza l'autore è responsabile di eventuali perdite, dirette o indirette, derivanti dall'uso delle informazioni contenute in questo documento, inclusi, ma non limitati a errori, omissioni o inesattezze.

 Creato con Vellum

COME ADOTTARE UNO STILE DI VITA STOICO

Migliora la tua forza mentale, l'auto-disciplina e la produttività seguendo la linea dell'antica saggezza stoica

Di Andreas Athanas

INTRODUZIONE

L'età contemporanea è caratterizzata da praticità e sfiducia, da progressi tecnologici innovativi e dai crescenti desideri delle classi rimaste indietro, estromesse dalle tendenze dominanti o relegate in una sfera lontana dagli affari globali. Le guerre dilagano e il terrorismo costituisce oggi uno dei temi più dibattuti in campo politico, in un tempo segnato dalla privazione dei diritti di ampie fasce di popolazione. Gli sconvolgimenti politici e l'incertezza economica sono ormai all'ordine del giorno e, nonostante l'avvento delle tecnologie di comunicazione, il mondo intero chiude gli occhi di fronte alla sofferenza delle categorie meno fortunate.

Non soltanto il mondo è turbato a livello macrocosmico. Queste difficoltà sono evidenti anche a livello individuale: il risultato sono problematiche con cui ci confrontiamo ogni giorno e che rischiano di diventare praticamente intollerabili. A partire dal lavoro minorile e passando per i pericoli della povertà all'interno di sistemi economici sempre più instabili, il mondo moderno presenta numerosi fattori di stress che si aggiungono alla desolazione e allo sconforto di coloro che cercano di controllare la propria vita.

A ogni modo, queste difficoltà sono vecchie come il mondo. È dai principi della ragione umana che lottiamo strenuamente, classe contro classe, etnia contro etnia e nazione contro nazione, seguendo uno schema tanto ripetitivo da far sembrare le problematiche di oggi come dei banali riecheggi di una storia antichissima.

Introduzione alla filosofia greca.

Sin dai tempi di Socrate, la filosofia ha cercato di migliorare l'uomo e di affinare la ragione umana, in un contesto dal quale era preclusa qualunque forma di reale progresso. Nonostante la tendenza pessimista, molte riflessioni hanno offerto all'uomo la possibilità di comprendere la sua posizione all'interno del cosmo, di dare un senso all'inesprimibile e di definire i sentimenti, la ragione e l'intelletto.

Tra le innumerevoli scuole di pensiero, ce n'è una che si distingue per la sua metodologia predominante, la quale consente di gestire le tensioni della vita; metodologia che si rivela adeguata per l'antica Grecia come per il Ventunesimo Secolo. Sto parlando dello Stoicismo che, sin dalla sua origine, ha svolto il ruolo di roccaforte dei pensatori liberi. Questa scuola di pensiero ha attirato a sé intellettuali di ogni estrazione sociale poiché si fonda, per la sua naturale disposizione filosofica, su una serie di riflessioni che non riguardano le difficoltà del mondo esterno, ma quelle spirituali.

Per oltre 2500 anni, lo Stoicismo ha avuto un ruolo centrale nel dibattito sul raziocinio umano e si è infoltito di filosofi stimati, sostenitori delle teorie qui proposte, come Marco Aurelio. Il fascino di questa filosofia giace nella sua semplicità. Il suo è un tentativo di sostenere l'umanità nel quotidiano scontro con il disagio emotivo, e ritiene che la coercizione emotiva sia dovuta principalmente alla nostra comprensione, o mancata comprensione, dei motivi di tale coercizione.

Nell'età contemporanea, lo Stoicismo è emerso come supporto principale alle scuole di pensiero psicologico e si è adattato alle condizioni della società attuale e ai bisogni delle persone a cui si rivolge. Sebbene sia trascorso del tempo da quando gli stoici percorrevano le strade di Atene, circondati dalle colonne marmoree e dai templi, la loro filosofia è tutt'oggi essenziale allo sviluppo umano in campo filosofico e psicologico.

Cosa possiamo farcene del valore apparentemente eterno di questa antica filosofia? È probabile che provenga proprio dalle fondamenta del metodo stoico e questo proverebbe come l'uomo che per primo ha formulato i principi del pensiero stoico deve aver intuito qualcosa che affliggeva la vera natura dell'uomo. Il modo in cui questa filosofia si è adattata a una varietà di ambienti sociali e di climi politici sottolinea l'universalità del messaggio di Zenone. Gran parte della mentalità stoica è stata adottata in diverse sfere della vita e della cultura umane, ma un aspetto rimasto inalterato è la sua focalizzazione sul miglioramento dell'individuo piuttosto che della società, prescrivendo una forma di introspezione contemplativa per raggiungerlo. Il fatto che le varie incarnazioni dello Stoicismo abbiano come denominatore comune questo atto di introspezione o di autocontrollo lascia intuire il cuore di tutte le branche della filosofia. Detto questo, possiamo dire che non solo Zenone e gli stoici hanno fondato un loro movimento, ma si sono anche spinti nello studio della saggezza, dimostrando di meritare maggiori attenzioni rispetto a quelle che normalmente ricevono.

Il dibattito filosofico moderno della nostra élite

intellettuale è tornato al punto di partenza e ha rimaneggiato le problematiche affrontate inizialmente dai primi stoici. Invece che esistere in qualità di filosofia, lo Stoicismo oggi è "dietro le quinte" e funziona da principio attivo, rimpolpando il discorso filosofico e riaffermando i dogmi della filosofia antica. Sono svariate le tecniche di psicoterapia radicate nelle vecchie tradizioni stoiche. La psicoterapia cognitivo-comportamentale prende in prestito numerosi suoi principi e metodi di risanamento psicologico, indebitandosi nei confronti degli originari insegnamenti dell'antica Grecia. Sebbene i tempi siano cambiati, lo Stoicismo ha ancora qualcosa da offrire all'umanità e la sua continua reincarnazione esprime il suo primato nella comprensione terapeutica dell'animo umano.

In questo libro parleremo dell'evoluzione dello Stoicismo in quanto filosofia morale ed etica, e come struttura intellettuale in grado di ispirare la medicina e la psichiatria moderne. Con questo studio speriamo di poter fare luce sui recenti sviluppi di questo stile di vita e di spiegare come i cittadini del mondo moderno possano migliorarlo. Lo scopo di questo approfondimento è, ed è sempre stato, l'auto-miglioramento e l'introspezione razionale, legata al controllo della risposta emotiva negli esseri umani. Nel contesto moderno, è richiesta l'elaborazione del quadro generale delle coordinate psicologiche che hanno ispirato il nostro pensiero moderno nel campo della memoria e dell'emozione, e dei sistemi biologici che operano nel nostro cervello, per determinare quello che viviamo come emozione, in quanto esseri consenzienti.

Ci avventureremo nel regno della pratica, e descriveremo i benefici concreti di abbracciare la mentalità stoica, offrendo al lettore un'idea di come ottenere questa disposizione. Dal momento che la nostra discussione si struttura tra la filosofia e la psicologia, cercheremo di colmare il vuoto tra queste due discipline. In questo modo, conseguiremo un terreno comune per comprendere al meglio i principi filosofici e le applicazioni pratiche di tali principi, proprio come vengono messi in atto dagli studi contemporanei di psicologia.

L'eredità di Zenone

Uno degli aspetti più importanti dell'eredità di Zenone, distinto dal resto dei principi della filosofia da lui fondata, è l'aver portato l'attenzione della società greca sui pensieri elevati. Grazie al suo metodo di insegnamento a porte aperte, egli ha diffuso il suo messaggio nelle strade di Atene, e non soltanto tra le élite sociali e politiche, come avevano fatto i filosofi precedenti. Questo interesse per il popolo è stato sia una condizione della sua stessa filosofia, in quanto filosofia dell'azione, che il mezzo con cui sperava di poter trasformare la mentalità delle persone che lo circondavano. Come osservato da Marco Aurelio, una fetta di pane è più utile all'uomo affamato che il discorso filosofico sul bene e sul male (Kamtekar 2017). Trasformando la filosofia in una discussione aperta anche ai laici, Zenone ruppe con la tradizione e produsse un nuovo modello che avrebbe ispirato le politiche radicali e il discorso sociale dei secoli successivi. Le novità nel campo del pensiero fecero tremare la comunità intellettuale del suo tempo, e ancora oggi se ne percepisce l'impatto, e i suoi discepoli, in alcuni casi, sono stati letteralmente divinizzati per le loro idee e i loro stili di vita.

In un certo senso, Zenone è il primo filosofo populista della storia, poiché si scontrò con l'elitismo tipico di altre scuole di pensiero, le quali fallivano nel comprendere le vere esigenze della gente che affollava le strade di Atene. Il discorso ottuso e incomprensibile non poteva guarire i mali della sua società, dal momento che non accettavano l'opinione di coloro che non si erano potuti permettere di ricevere un'adeguata istruzione. Cercando di modificare questa tendenza, Zenone infonde la sua dottrina con forza e tenacia, assenti nelle teorie di Socrate e Aristotele. È in questo senso che lo Stoicismo può essere considerato una filosofia dell'azione. Sin dalla sua fondazione, la storia di questa scuola di pensiero si è arricchita di principi e insegnamenti che Zenone credeva avrebbero giovato di più rispetto alle inconcludenti dottrine della classe intellettuale.

La sua opera viene ricordata perché questo era il suo desiderio. Egli è riuscito a influenzare le esistenze di numerosi sovrani e studiosi, perché il principio fondante affermava che la filosofia doveva essere per chiunque, e che i benefici del razionalismo non erano riservati ai ceti elevati. Con questa dichiarazione, egli ha generato una filosofia per i poveri e gli schiavi, per gli orfani e le donne che non avevano alcuna rappresentanza nella società, e tantomeno nei meccanismi che regolano il mondo. Questo ha contribuito a rinfoltire il numero di seguaci e discepoli che portarono avanti il messaggio, anche dopo la sua morte. Una filosofia che punta al miglioramento di chiunque è una filosofia che può essere seguita da tutti, ovunque nel mondo, in qualunque momento della storia. Ovunque venisse proposto, lo Stoicismo veniva accolto da un pubblico nutrito poiché forniva le cause di quella disillusione, metteva il popolo al suo comando e procurava le armi per combatterlo.

È una filosofia indubbiamente più valida se messa a confronto con le prediche di Socrate, Platone o Aristotele, i quali passarono tutta la vita a discutere questioni che non riguardavano l'intera popolazione. L'eredità di Zenone consiste in una filosofia populista che si rivolge a un'ampia fascia di persone e che può essere applicata in numerose circostanze, al fine di promuovere dei cambiamenti positivi in quelli che erano ancorati ai propri valori. Egli viene ricordato per aver calato il lume della sapienza dai piani più alti, un po' come Prometeo, per donarlo al mondo in una forma comprensibile, in cui tutti potessero identificarvisi, e favorevole al miglioramento dell'individuo, ma anche del mondo intero.

Zenone ha avanzato un modello di vita vissuta pienamente e questo, dopotutto, non è altro che lo scopo della filosofia. Egli ci ha insegnato a vivere al meglio, in conformità con la natura, al passo con quella ragione che ci rende intrinsecamente unici, e non nel rispetto delle leggi o delle norme sociali. Questo è quanto attrasse i filosofi umanisti del neostoicismo nel diciassettesimo secolo, così come gli antichi greci, i romani e gli psicologi contemporanei. Agli occhi della prospettiva stoica le norme e le leggi non sono solo perverse, ma creano un sistema culturale in cui l'umanità non può scegliere come agire. La dissonanza tra il raziocinio e le norme sociali produce scontento, poiché impedisce alle persone di perseguire la ragione per raggiungere la felicità. Negli Stati Uniti, oggi, questo è ancora valido: la ricchezza, infatti, è l'unica misura di successo e la felicità è proporzionale alla propria condizione. Zenone è ancora attuale in quanto i suoi insegnamenti ci mettono di fronte alla caducità di tutto quello a cui la nostra società si aggrappa. E, alla fine, spogliati di ogni cosa e lasciati a guardare nel vuoto della morte, Zenone ci ricorda che morire è l'unica fine ragionevole e che, se abbiamo vissuto nel rispetto di noi stessi e della nostra razionalità, non dobbiamo avere niente da temere dalla morte.

1

LA STORIA DELLO STOICISMO

In quanto filosofia e stile di vita, lo Stoicismo precede molte delle religioni professate al giorno d'oggi, ed è stato formulato per la prima volta nel terzo secolo avanti Cristo dal filosofo greco Zenone di Cizio (Mark, 2015).

Nella sua giovinezza, Zenone ha studiato sotto la guida dell'eminente filosofo greco Cratete di Tebe, fondatore della scuola di pensiero conosciuta con il nome di Cinismo. Per comprendere le radici da cui prese origine lo Stoicismo, è fondamentale approfondire la cultura filosofica e i punti di riferimento condivisi nell'antica Grecia di quei tempi.

Dal momento che Zenone studiò sotto l'ala di Cratete di Tebe, fino a essere riconosciuto come il suo discepolo più riuscito, è importante addentrarsi nei suoi insegnamenti, anche se le opere a noi pervenute sono esigue e le nostre informazioni sulla sua vita personale sono pressoché inesistenti. Quello che sappiamo con certezza è che gran parte della sua filosofia e del suo amore per la saggezza sono derivati dalla visione di un'opera teatrale nella città di Tebe, dov'era figlio di una potente casata. Lo spettacolo, intitolato La Tragedia di Telefo, tratta il tema del dolore e della perdita e si impernia sul figlio semi-divino di Eracle e sulla ferita mortale ricevuta per mano di un eroe greco, Achille.

Nell'opera teatrale, un oracolo vaticina a Telefo che niente riuscirebbe ad alleviare il suo dolore e a semplificare il suo trapasso, se non la benedizione dell'uomo che gli ha procurato dolore. Con la proverbiale impulsività, Telefo si intrufola nell'accampamento di Achille camuffato con degli stracci e implora l'intrepido guerriero perché guarisca la sua ferita.

Non sappiamo perché questa tragedia abbia influenzato Cratete, o in che modo la sua trama lo abbia spinto a trasformare la propria vita in maniera tanto drastica. L'unica cosa di cui siamo al corrente è che poco tempo dopo, Cratete di Tebe ripudiò l'eredità, le ricchezze e il potere, e persino la famiglia, per seguire una vita di semplicità ascetica, studiando filosofia per le strade di Atene e impegnandosi a osservare uno stile di vita imbevuto di saggezza.

La sua filosofia si fonda in gran parte sulla nozione della materia come qualcosa di temporale e di breve durata, destinata ad abbandonare questo mondo e coloro che ne sono momentaneamente in possesso. Pertanto, i cinici consideravano la ricerca della saggezza come un aspetto completamente separato dalle comuni ambizioni per il successo e il denaro, il potere e le donne, le attività e le imprese redditizie, e la trappola della vita metropolitana che, a quel tempo, era la sede della civiltà contemporanea.

I cinici, che seguivano il lungo percorso tracciato dai filosofi greci, a partire da Socrate nel quinto secolo avanti Cristo, credevano in valori simili a quelli del culto buddista, che a quel tempo si diffondeva già da due centinaia di anni. Gli averi venivano considerati come beni di passaggio, e quindi non potevano risultare come una misura della felicità o del successo. Il saggio non si preoccupava di queste cose e cercava piuttosto di "vivere in accordo con la natura", sottraendosi così alla vita pubblica e diffondendo un messaggio di povertà e purezza per le strade della città, indirizzato a chi aveva voglia di ascoltarlo.

Per secoli, questo messaggio ha attecchito, è sopravvissuto al tramonto della supremazia greca e si è infine trasmesso ai romani, per poi sfiorire non appena la dottrina cristiana iniziò a dominare il dibattito filosofico dell'Impero romano. Viene ripreso dal suo letargo ogniqualvolta una cultura mondiale inizia a crescere in modo eccessivo, compromettendo la nascita di altre controculture.

Le generazioni future hanno imbastardito il pensiero cinico fino alla percezione che ne abbiamo oggi, ovvero di un mondo in cui il bene e la felicità sono qualità infauste e che vanno pertanto scansate. Tuttavia, nella sua forma originaria, il cinismo greco era una filosofia che predicava la semplicità, la virtù e uno stile di vita svincolato da qualsiasi atteggiamento vanesio.

ZENONE DI CIZIO

Zenone di Cizio, conosciuto oggi come uno dei maggiori filosofi che offrì il pensiero stoico al mondo intero con la sua erudizione, nacque trecento anni prima della nascita del Cristianesimo nell'isola che oggi prende il nome di Cipro. Prima di consacrarsi alla filosofia e all'esistenza virtuosa, Zenone di Cizio si occupava di commercio e si era procurato grandi ricchezze vendendo le sue merci nel mar Egeo.

Secondo le storie tramandate, il suo interesse per l'ascetismo e la filosofia prese piede dopo aver sfiorato la morte in mare aperto, sopravvivendo a un naufragio al largo delle coste dell'odierna Israele. Dopo il naufragio, ad Atene, si rivolse a un venditore di libri che gli procurò gli scritti filosofici di Senofonte, uno studioso socratico le cui opere vengono tuttora onorate dagli intellettuali contemporanei. Sono state proprio le parole del Memorabilia di Senofonte a farlo appassionare allo studio della virtù e della vita in accordo con le leggi della natura.

Sebbene si sappia poco sulla sua vita, dalle opere pervenuteci che gravitano attorno a questa influente scuola di pensiero possiamo dedurre che il naufragio al largo delle coste fenicie costituiva per lui una dimostrazione di quanto fosse insensato il possesso di beni e il commercio. Come imprenditore, aveva tratto profitti, mercanteggiato ed esteso la sua rete di commerci, ma finalmente realizzava che non era niente a confronto con le disastrose forze della natura.

L'incontro ravvicinato con la morte si consolidò nella sua mente e si trasformò in uno dei principi fondamentali della sua filosofia, ovvero che la proprietà e il denaro non hanno nessun significato e non portano a una vita appagante. Non erano altro che piaceri passeggeri, per usare un'espressione del pensiero buddista, incapaci di garantire un'esistenza piacevole e intimistica in conformità con la ragione e la natura. Zenone credeva che rifuggire gli eccessi della società fosse il modo più rapido e affidabile per assicurarsi un pensiero logico e razionale, per raggiungere la saggezza, e per vivere entro i limiti dell'azione naturale e della ragione.

...

Queste riflessioni furono tacciate di radicalismo dalla società instauratisi nella capitale greca di Atene, nonché sede dell'erudizione e della saggezza dell'intero mondo conosciuto fino a quel momento. In questo periodo, il pensiero intellettuale era dominato dalle ideologie edonistiche e guidate dal piacere di Epicuro, il quale credeva che la vita fosse troppo breve per poter essere sprecata, e che quindi fosse importante attingere alle infinite delizie offerte al palato esigente dal mondo dei sensi.

Confrontando le due filosofie, gli epicurei confidavano in quattro massime che ispiravano il loro pensiero e l'organizzazione della vita in conformità con gli insegnamenti di Epicuro. Queste quattro massime negavano l'esistenza di un essere divino e della vita ultraterrena, e affermavano che il male della vita consisteva nella sofferenza e nel desiderio. Il filosofo greco sperava di esortare i suoi seguaci a superare la paura della morte, a rinunciare ai desideri sull'aldilà e a godere appieno dell'attimo effimero e succinto che avrebbero vissuto sulla Terra.

•••

Non è difficile intuire l'ampio dislivello che si estende tra l'epicureismo e la dottrina di Zenone e degli stoici, i quali disprezzavano il possesso personale, non inseguivano la fama o la fortuna, e volevano soltanto vivere una vita pacifica di contemplazione. Per gli stoici, la ricerca di un piacere comportava inevitabilmente la ricerca di un altro piacere, e così via, all'infinito. La concentrazione di tali desideri generava gelosia e crimine, e portava l'umanità su una strada che finì per condurre alla distruzione dell'armonia tra amici e consanguinei. Queste passioni, come le chiamava Zenone, costituiscono il fardello che trascina l'umanità sul fondo dell'abisso. L'unico modo per liberarsi da tale vincolo era adempiere naturalmente al proprio ruolo di uomo razionale e pensante, in sintonia con il resto del mondo. La vanità dell'uomo non ha fatto altro che insozzare le rive metaforiche del raziocinio e creare una tomba entro cui si sarebbero spenti tutti gli ideali della ricerca intellettuale.

Quando Zenone giunse ad Atene, poco dopo il naufragio, mosso da un sentimento di rinascita, egli iniziò a scrivere, trattando una vasta serie di argomenti tra quelli normalmente discussi dai filosofi del tempo. Una delle sue opere conservate fino a oggi, chiamata Repubblica (che non deve essere confusa con l'opera rivoluzionaria di Platone), seguiva la costruzione di una società perfetta, privata del suo ordine sociale, senza leggi né crimini, e fondata sulla totale parità di sesso e di razza. Questa forma di società, come afferma il testo, è possibile soltanto in un mondo esente dalle passioni, dove uomini e donne possono dedicarsi all'ordine naturale senza dover rendere conto ai principi e alle inclinazioni della vita cosmopolita. Un mondo sprovvisto di scala sociale, in cui il possesso non genera avarizia.

Sebbene le sue teorie non abbiano lasciato un segno tanto indelebile quanto quelle della filosofia di Platone, riuscirono comunque a influenzare la dottrina predicata dal suo precettore, Cratete, negli anni successivi la sua morte.

La morte prematura di Zenone è avvolta nel mistero e gli studi contemporanei sono ancora incerti sulle cause. Sappiamo solo che si è tolto la vita per strangolazione, e la storia che circonda le azioni avventate di un uomo che ha dedicato tutta la sua vita alla ricerca della razionalità sostiene che l'incidente (inciampò in un gradino dopo aver insegnato ad Atene) lo colpì come un presagio, come una sorta di profezia, e stava a ricordargli che il suo tempo sulla terra era giunto al termine, e che portare avanti quel fardello avrebbe significato desiderare quello che ormai non era destinato a durare.

In questo modo, Zenone abbandonò il mondo sensibile, lasciandosi alle spalle non soltanto una discreta impronta, ma un'intera scuola di pensiero che si sarebbe trasmessa, come la fiaccola di Prometeo, da un erudito all'altro, talvolta affondando nell'oscurità della storia dimenticata e riaffiorando per risvegliare le menti delle nuove generazioni. La sua opera fu portata avanti dai seguaci e divenne un tassello fondamentale nella visione del mondo dei primi tempi dell'Impero Romano, dove trovò alcuni noti sostenitori come Marco Aurelio e stimati intellettuali come Seneca il Giovane.

Stoicismo e Cristianesimo

Il rapporto tra lo Stoicismo e le dottrine dell'ultimo Cristianesimo è sempre stato travagliato e ambiguo. Sebbene entrambe le filosofie si servano dei medesimi ideali metafisici ed etici, le potenze rivali delle due scuole entrarono svariate volte in conflitto nel corso dei secoli. Entrambe le filosofie accettano la natura innata del mondo come luogo razionale e divinamente provvidenziale, in cui l'umanità occupa un ruolo privilegiato e centrale per il suo funzionamento. Tuttavia, a proposito della divinità, le due scuole di pensiero la interpretano in modo diverso. Mentre il Cristianesimo sostiene che la divina fonte di vita fosse separata dalla calca umana, gli Stoici credono che la divinità dell'universo si trovi sia all'interno che all'esterno.

Un principio intrinseco degli insegnamenti stoici ritiene che l'umanità detenga l'obbligo provvidenziale di agire unicamente sulla ragione, perché quest'ultima è un'esclusiva dell'uomo e rappresenta un dono ricevuto dalla beneficenza dell'esistenza universale. Questo concetto di divinità è in netto contrasto con quello cristiano. Malgrado le differenze, le corrispondenze tra i due modi di pensare fanno luce sull'enorme scambio di idee che avveniva nel periodo di evoluzione e di affermazione del Cristianesimo in quanto filosofia concreta.

. . .

• • •

È ben noto che, durante il suo regno nel secondo secolo d.C., l'eminente imperatore romano e intellettuale stoico Marco Aurelio avviò una persecuzione di massa nei confronti della religione cristiana, sebbene molti degli Apostoli dell'era biblica predicassero uno stile di vita non dissimile da quello promosso da Zenone nella sua filosofia. Si stima infatti che San Paolo sia stato istruito secondo i precetti dello Stoicismo durante l'adolescenza nel mondo ellenico, e malgrado tutt'oggi si discuta sull'estensione di questa influenza, è impossibile pensare che non l'abbia toccato (Grant, 1915). Confrontando gli insegnamenti di Paolo con la filosofia dello Stoicismo, si può giungere alla conclusione che siano gli uni l'opposto dell'altra. In realtà, Paolo scriveva in greco, parlava la lingua greca ed era stato cresciuto nel contesto delle influenze filosofiche greche del tempo, dominate dagli ideali dello Stoicismo.

Anche se le sue idee vanno nella direzione opposta rispetto alla dottrina stoica, il fatto che esistessero proprio in reazione alla mentalità predominante contemporanea a San Paolo è indicativo del modo in cui il Cristianesimo e lo Stoicismo si sono intrecciati nel corso degli anni. Alcuni dei primi studiosi cristiani, inoltre, adottavano la tipica educazione greca, e l'accostamento di queste due filosofie, che competevano per conquistare il popolo, è caratteristico del loro rapporto durante lo stadio inziale della filosofia.

• • •

Più tardi, il Cristianesimo e lo Stoicismo saranno riavvicinati dagli scritti degli intellettuali umanisti europei del tardo Rinascimento, i quali si sono serviti degli insegnamenti stoici per spiegare le tragedie della storia europea a loro contemporanea.

Giusto Lipsio utilizzò il pensiero cristiano per analizzare la dottrina stoica, cercando di applicare la nozione stoica dell'indifferenza del mondo nei confronti dell'uomo al dibattito sulla natura e sul castigo divino. Per Lipsio e altri stoici rivivalisti, il mondo noncurante descritto da Zenone è un sintomo della provvidenza divina. Questa fusione filosofica è un esempio delle interazioni avvenute tra le due scuole di pensiero.

...

Nonostante le differenze e le tensioni tra le due, non c'è dubbio che convivessero nel medesimo lasso di tempo. Pertanto, dal momento che entrambe proponevano due visioni del mondo e cercavano nuovi seguaci, era inevitabile che vi fosse un contatto intellettuale.

2

LO STOICISMO ATTRAVERSO I SECOLI

Dopo la morte di Zenone, lo Stoicismo si distinse come la principale filosofia praticata dai contemporanei greci fino ad Alessandro Magno, e poi dall'Impero Romano e dai diversi pensatori a ovest della patria ellenica. Dagli schiavi ai senatori, dagli imperatori ai primi cristiani, il primato degli ideali dello Stoicismo e la fiducia nel pensiero razionale offrirono un contrappeso per gli intellettuali, in tempi in cui le trasformazioni sociali spazzarono l'intero mondo conosciuto, mentre i ben affermati costumi della Repubblica romana cedettero il passo a velleità meno prevedibili di una serie di imperatori romani.

• • •

I capi più colti, come Marco Aurelio, accolsero la posizione morale esposta da Zenone, mentre altri sovrani, come l'iracondo Nerone, perseguitarono la sua pratica e la soppressero dai pensieri intellettuali accettati nel loro regno.

Malgrado lo Stoicismo non fosse visto di buon occhio durante le prime fasi dell'Impero romano, di una cosa siamo certi: esso non perì sui gradini marmorei dell'antica Atene con il suo progenitore. Gli intellettuali, sia in segreto che alla luce del giorno, continuarono a predicare la moderazione, la virtù e il rispetto per la supremazia della logica nell'ordine naturale del mondo, molto tumultuoso ai tempi di Cristo e delle espansioni romane del primo secolo d.C.

In questo capitolo ci addentreremo nella vita dei sostenitori dello Stoicismo e sveleremo il modo in cui le loro teorie permisero di modellare le ideologie, le quali sarebbero divenute centrali per il pensiero occidentale nel resto dell'antichità.

Dal liberto Epitteto fino al trono di Marco Aurelio a Roma, la diffusione e la sopravvivenza dello Stoicismo attestano la sua flessibilità e il rigore con cui i suoi seguaci inseguivano l'amore per la virtù in accordo con la natura.

Epitteto

Nato in schiavitù durante il regno di Nerone, Epitteto è un personaggio storico e uno dei primi divulgatori dell'originario pensiero stoico, ancora avvolto nel mistero. Tutto quello che sappiamo sul suo conto si basa su congetture e documenti incompleti.

. . .

Possiamo inferire con una certa dose di sicurezza che Epitteto nacque nell'attuale Turchia e che trascorse gran parte della sua vita come schiavo di un ricco liberto, che aveva conquistato molto potere e importanza in qualità di segretario di Nerone. Era zoppo, e sebbene molte storie sostengano che la sua gamba fosse stata rotta intenzionalmente dal suo padrone quando era ancora piccolo, per renderlo invalido a vita, è anche probabile che fosse un difetto congenito che gli impediva di camminare normalmente.

Era un influente oratore e, dopo la caduta di Nerone e negli anni successivi alla sua liberazione, Epitteto si guadagnò il rispetto di abile oratore e retore. Ottenne un grande successo a Roma e qui coltivò le sue integrazioni ai principi originali dello Stoicismo.

Sfortunatamente, le relazioni politiche a Roma mutavano a ogni nuovo imperatore e, dopo la caduta della dinastica giulio-claudia, si susseguì una serie di governanti vulnerabili e inefficaci. L'anno dei quattro imperatori registrò alcuni rapidi e prevedibili cambiamenti nel clima politico dell'Impero, poiché ciascuno recava la propria ideologia e mentalità nelle cariche imperiali di Roma. Passato quell'anno terribile, in cui Galba strappò il potere dalle mani di Nerone, per poi essere assassinato da Otone, che cadde vittima per mano di Vitellio, che fu ucciso dalle truppe fedeli a Vespasiano, la dinastia flavia riuscì a stabilire una sequela pressoché equilibrata di sovrani, e la vita tornò alla normalità.

. . .

In questo tempo, Epitteto stava insegnando a Roma e predicava la sua versione dello Stoicismo. Fu istruito per diverso tempo da Gaio Musonio Rufo, un senatore da molti dimenticato che si ingraziò alcuni dei colleghi e ottenne popolarità grazie al suo modo di pensare. Sebbene godesse della libertà, Epitteto non era molto felice di vivere come liberto a Roma.

I sovrani della dinastia giulio-claudia, uomini saggi anche se poco benevoli, erano dediti alle arti e alla cultura, promossero lo sviluppo e la diffusione della filosofia nell'Impero. I flavi, invece, erano governanti di ben altro tipo. Militaristi e scolpiti nel marmo dei tempi violenti da cui sorgevano, gli imperatori Vespasiano e Domiziano dominarono la vita politica per circa trent'anni e, in quel periodo, furono emessi decreti come l'editto di Domiziano dell'89 d.C. che bandiva i filosofi non soltanto da Roma, ma persino dall'intera penisola italiana.

• • •

In seguito a questa espulsione della saggezza dalle strade di Roma, Epitteto e molti altri filosofi riuscirono a sfuggire integri al regno di Domiziano e si rifugiarono in ogni angolo del mondo. Epitteto sbarcò nel nord della Grecia, dove visse, insegnò e morì, nella seconda metà del secondo secolo d.C. Così, si lasciò alle spalle un buon numero di intellettuali pronti a diffondere le sue idee sullo Stoicismo e sulla natura umana, le cui parole furono trascritte e sono oggi conservate in diversi frammenti.

• • •

Nel corso della sua vita, Epitteto notò le molteplici sfaccettature della natura umana, a partire dai giorni bui da schiavo assoggettato a un padrone romano e al servizio di un imperatore squilibrato, passando per il successo come filosofo nei giorni successivi alla morte di Nerone, e infine nel suo esilio in Grecia, dove le uniche testimonianze a noi pervenute sono state tracciate da un giovane pupillo chiamato Arriano. I tempi bizzarri e in continua evoluzione in cui visse, e l'esperienza personale, influenzarono spontaneamente la sua visione del mondo e diedero vita a nuove concezioni della filosofia stoica di Zenone. Molti studiosi oggi lo ritengono come il legittimo erede al trono dello Stoicismo, poiché proseguì l'opera della generazione di Zenone grazie alla sua adesione alla dottrina.

...

Come molti filosofi del tempo, nella sua opera Epitteto stabilì una dicotomia tra ciò che è giusto e ciò che non lo è. Questo perpetuo conflitto tra il bene e il male provocò una grande spaccatura, perché le scelte di uomini e donne potevano portare a errori di giudizio. Questi ultimi condussero l'umanità a desiderare che ciò che non era buono per l'individuo, non lo era nemmeno per l'intera umanità. Nel tentativo di risolvere questi errori di giudizio prodotti dall'umanità nel corso dei secoli, Epitteto scrisse lunghi discorsi per definire esattamente il concetto del bene. Come era possibile stabilirlo? Chi poteva decidere se una cosa era giusta o sbagliata?

Queste domande disorientarono molti filosofi ellenici, da Aristotele a Socrate, passando per lo stesso Epitteto e altri. La risposta a questa domanda è, in parte, alla base del movimento stoico e del suo rifiuto di inseguire le ricchezze e le proprietà.

• • •

Gli stoici, incluso Epitteto, sostenevano che le uniche azioni considerate buone sono quelle corrette e virtuose, perché in grado di dare beneficio a chi le compie, e a tutti coloro che vivevano secondo le restrizioni della virtù e della responsabilità morale. La ricchezza non può essere considerata tale dal momento che, per molti individui, essa getta le basi per la corruzione morale e può persino portare all'auto-distruzione. Questa idea è ben esemplificata dalla conversione di Zenone a una vita ascetica in seguito al suo naufragio: tutto l'oro che commerciava non poteva salvarlo dalla stretta di Poseidone. Allo stesso modo, quando Epitteto era schiavo, si era reso conto di come i concetti di proprietà, possesso e dominio andassero nella direzione opposta rispetto a come un uomo dovrebbe agire, nell'osservazione delle leggi della ragione, come stipulato dalle precedenti generazioni di filosofi.

Il suo status di liberto ebbe inoltre ovvie ripercussioni su altri aspetti del suo pensiero. Egli scrisse abbondantemente su un altro concetto relativo allo Stoicismo, in tutte le sue incarnazioni nel corso degli anni: il fatto che alcune cose restano fuori dal controllo degli individui che ne sono influenzati.

• • •

• • •

Gli stoici credevano che un'altra delle grandi colpe dell'umanità fosse che l'uomo, nel corso della storia, ha cercato di cambiare delle situazioni su cui nessuno poteva avere alcuna forma di controllo. Questo tema viene trattato ampiamente in numerose opere teatrali greche, come Edipo re. A partire dalla presente tematica, Epitteto sosteneva che gli uomini, nonostante le nostre capacità mentali e il pensiero elevato, possano esercitare un controllo molto limitato. Questa conclusione potrebbe suonare austera al pensatore del ventunesimo secolo ma, all'inizio del millennio e poco dopo, queste riflessioni offrirono ai filosofi come Epitteto la nozione che, se abbiamo potere soltanto su ciò che risiede nella nostra mente, e su nient'altro, allora l'unica impresa corretta dell'esistenza è la ricerca del sapere e la moderazione delle passioni che devastano la mente logica degli individui.

Le difficoltà del mondo esterno non riguardano il saggio stoico, perché non sono sottoposte al suo controllo. L'unica cosa controllabile è la reazione del saggio a queste difficoltà e, pertanto, solo queste reazioni meritano le attenzioni del saggio.

• • •

Il contributo di Epitteto al pensiero stoico è imponente e non può essere trattato qui nella sua interezza. Nel complesso, egli ha lasciato una traccia sul movimento stoico che è ancora valida. I suoi tentativi di vivere un'onesta vita all'insegna dello Stoicismo e gli effetti di queste trasformazioni radicali dello stile di vita lo hanno reso l'eroe iconoclastico del mondo accademico della Roma imperiale, e un anatema per coloro che cercavano di proteggere le tradizioni e le norme sociali. Sebbene si sappia molto poco sulla sua vita e sui suoi tempi, il suo pensiero influente ha guidato la traiettoria dei successivi filosofi stoici.

SENECA IL GIOVANE

Vissuto ai tempi di Giulio Cesare e di Augusto, il filosofo Seneca il Giovane ereditò il clima sociale e politico che promuoveva riflessioni profonde e introspezione nell'élite romana. Egli visse sotto la tutela degli imperiali romani, per i quali la ricerca filosofica era considerata come una vera e propria strada per il potere e il rispetto nella società.

• • •

In quel periodo, i romani ruppero con le antiche tradizioni ed egli iniziò a scrivere i testi filosofici in latino, invece che in greco, e l'ondata intellettuale che si diffuse con l'Impero nascente lo spinse non soltanto alla formazione filosofica ma anche a una carriera politica forte, al servizio dell'amministrazione di Nerone, prima dell'esilio per il reato di adulterio con una donna della famiglia imperiale (Vogt, 2016).

Nella sua vita, egli vide susseguirsi cinque imperatori e numerosi disordini politici: la sobrietà di Augusto e la sua Pax Romana, il folle regno di Caligola, e la Congiura di Pisone per l'assassinio di Nerone, per il quale fu condannato e costretto a commettere il suicidio nel 65 d.C. (Vogt, 2016). Sebbene il suo successo politico fu limitato dall'esilio nel 41 d.C., Seneca continuò a imparare e a insegnare nel vecchio impero per due decadi, dando origine a sviluppi nella filosofia stoica che avrebbero più tardi influenzato intellettuali come Epitteto e Gaio Musonio Rufo. I suoi scritti furono ispirati dai costanti alti e bassi, dall'intensa passione e dalla violenza. Con la produzione di una serie di opere teatrali ben note, oltre che l'estesa collezione di lettere conservate fino a oggi, Seneca il Giovane portò la fiaccola di Zenone nel nuovo millennio, adattando il suo pensiero alla nuova era, e fece grandi passi verso la rivoluzionaria creazione di una filosofia per le masse.

La sua opera ha contribuito a fare luce sul nuovo intellettualismo romano, considerato da molti una scuola irrisoria di arrivisti, soprattutto se paragonati ai "veri" filosofi greci, che scrivevano nella vecchia lingua e studiavano nelle vecchie scuole.

Tuttavia, il cambiamento di stile di vita sperimentato dal ceto più elevato dei primi tempi della Roma imperiale abolì l'idea secondo cui l'apprendimento doveva avvenire a scuola. Seneca il Giovane, essendo nato nella prosperità, poté servirsi della fiducia dei romani più ricchi e, così, aiutò a costruire un nuovo paradigma secondo il quale la filosofia si intrometteva nella politica, nelle guerre e nella vita quotidiana.

• • •

. . .

La sua filosofia era sostanzialmente una filosofia in azione. Egli predicava il senso pratico e spesso rinnegava la pomposità dello spettro intellettuale che aveva reso l'antica filosofia incomprensibile al popolo. Intrecciò vari aspetti del pensiero stoico ad altri campi della ricerca filosofica, e divenne conosciuto come un pensatore libero, poiché se da una parte si lasciava influenzare dai primi stoici, dall'altra non esitava a disapprovare alcune massime che ormai, nell'era contemporanea, non potevano più servire come ideologie efficaci o terapeutiche.

Di conseguenza, i suoi scritti non sono sommersi dalle origini epistemologiche e ontologiche del libero arbitrio, e nemmeno propinano intricate definizioni atte soltanto a offuscare il messaggio. Egli spiega in modo chiaro, in lingua latina, come servirsi della filosofia per un mondo migliore e per una vita morale più sana. Lo stile accessibile della sua scrittura incoraggia i lettori a partecipare alla dottrina e sostiene che accettare deliberatamente i valori e le virtù delineate dagli intellettuali che lo hanno preceduto non significa appropriarsi in modo onesto del pensiero filosofico (Vogt, 2016).

Gli scritti umanisti di Seneca, spesso incentrati su ipotetiche difficoltà della vita, non producono massime e ideali privi di contesto, ma piuttosto cercano di mettere il lettore nei panni di un individuo che soffre di crisi esistenziali, tipiche degli antichi romani e, pertanto, offrono al pubblico un esempio di come vivere una vita virtuosa.

. . .

I suoi contributi più caratteristici al pensiero stoico riguardano la natura dell'animo umano, il suo scopo in quanto veicolo del libero arbitrio, e gli aspetti psicologici della condizione umana. Egli ritiene infatti che non sia sufficiente seguire i principi di un dibattito o di un'argomentazione, ma che le conclusioni raggiunte debbano essere messe in pratica affinché l'anima, che egli considera una sfera completamente razionale ospitata dal corpo, possa sperimentare interamente i benefici di una vita buona. Non è il dibattito, ma gli effetti di tale dibattito sulle sue future azioni che determinano se una riflessione filosofica sia in grado di condurre a una vita migliore. La nozione dell'anima come unica, normalmente definita monismo psicologico, e la sua dipendenza dalle azioni ispirate filosoficamente sono in accordo con il pensiero stoico tradizionale, poiché induce i lettori ad adottare queste idee in quanto stile di vita.

Seneca contribuì ampiamente anche alla percezione filosofica delle emozioni umane, e il + lavoro in questo campo dello Stoicismo ha permesso la sua evoluzione nel corso dei secoli.

La prima ondata di filosofi stoici sosteneva che le emozioni scaturivano dal pensiero irrazionale e dall'azione, e che una vita in accordo con tali emozioni fosse deleteria per le virtù umane. Al fine di vivere una vita moderata, le reazioni dovevano essere misurate, tenute sotto controllo e ostacolate per fare in modo che non annebbiassero la mentalità razionale dell'anima. Tuttavia, Seneca era dell'idea che fosse impossibile moderare le emozioni. A suo avviso, infatti, esse fanno parte del regno dell'irrazionale e, pertanto, non possono essere regolate.

Secondo Seneca, "l'agente ideale vendicherà e difenderà gli altri per un senso del dovere, e non per rancore" (Vogt, 2016).

Con le sue tragedie e le sue epistole, Seneca compie grandi passi verso la conoscenza umana delle emozioni e del loro potere di azione sul pensiero. Egli scriveva in modo chiaro e immediato, così che il suo messaggio potesse essere ricevuto da un gran numero di persone. Solo così poteva contribuire alla sopravvivenza dello stile di vita e del pensiero stoico durante il periodo politicamente turbolento della Roma imperiale. Alcuni secoli più tardi, il suo lavoro sarebbe stato approfondito, e in questo modo rimase influente, e il suo pensiero fornì un esteso supporto su cui gli stoici successivi, come Epitteto, avrebbero lavorato.

Marco Aurelio

Sebbene molti filosofi siano stati più eruditi di Marco Aurelio, nessuno ha teorizzato da una posizione così elevata come quella dell'ultimo imperatore che partecipò alla Pax Romana di Augusto. Asceso al trono nel 161 d.C. e con un regno durato due decenni, Marco Aurelio viene ricordato dagli storici in maniera ambigua: alcuni vedono i suoi contributi all'arte della leadership e della moderazione come il culmine della saggezza illuminata, e a questo proposito considerano Marco Aurelio come la più pura manifestazione storica del re filosofo di Aristotele. Questa però non è un'opinione condivisa da tutti gli storici. Il suo atteggiamento nei confronti dei cristiani era in netto contrasto con la sua visione positiva delle donne, degli orfani e degli schiavi, e il suo disconoscimento della mentalità stoica classica come stile di vita piuttosto che come sistema di pensiero è considerato da alcuni come il germe del declino dell'Impero romano, dopo la Pax Romana (Noyen, 1955).

In qualità di imperatore, egli contribuì alla persecuzione dei cristiani dell'Impero, riformò ampiamente il sistema legale dell'era pre-giustiniana, rispose alle ribellioni italiche e contrastò le invasioni germaniche nell'entroterra. Il suo regno era considerato pacifico, e nella storia viene ricordato, per la gran parte, con affetto.

In qualità di filosofo, Marco Aurelio espose gli ideali degli stoici dei secoli precedenti. Egli era discepolo sia di Seneca che di Epitteto, e i suoi scritti sono ricchi di passaggi citati dagli originali greci (Kamtekar, 2018). Nelle sue Meditazioni, parlando di questi ideali, scrive che "il mondo è governato dalla provvidenza, la felicità giace nella virtù, che dipende interamente dal proprio potere, e che ci si deve arrabbiare con i propri associati" (Kamtekar, 2018).

I suoi pensieri nelle Meditazioni hanno sollevato diverse importanti questioni morali sulla validità del pensiero stoico e hanno messo in dubbio la nozione di bontà intrinseca al piacere, e di cattiveria intrinseca al dolore. Una tale dicotomia, sostiene Marco Aurelio, può portare la gente a mettere immoralmente in discussione l'ordine della natura che sta alla base dell'intera filosofia. Cosa deve fare uno stoico di fronte ai benefici concessi a un uomo malvagio, mentre un uomo buono soffre? Questa domanda colpisce dritta al cuore del grande difetto dello Stoicismo. I filosofi dovrebbero ignorare tali ingiustizie? Farlo significherebbe cedere alla stessa passione che spinse Marco Aurelio a orientare i suoi testi filosofici sconnessi, e talvolta incoerenti, verso la legalità e l'amministrazione di una società giusta.

• • •

Nel ruolo di capo del popolo, egli promulgò centinaia di nuove leggi in favore delle classi meno abbienti, e questo ha contribuito sicuramente alla sua immagine di re filosofo benevolo e moderato, nel solco delle idee di Aristotele sul governo.

A partire da questa nozione, Marco Aurelio si espresse in merito al ruolo degli individui e alle loro rispettive responsabilità nei confronti della comunità in cui vivevano. Secondo Kamtekar, egli rinnegò il concetto di individuo separato dal resto della società, che dava origine a pensieri, esperienze, reazioni emotive e visioni del mondo individuali. Questo tipo di atteggiamento, infatti, è in contrasto con gli ideali stoici tradizionali, che calavano l'individuo entro il contesto della società, in cui si deve formare la prospettiva sul mondo. A tal proposito, l'impotenza dell'uomo rispetto ai cambiamenti del mondo, una delle principali colonne portanti dello Stoicismo, viene ridotta e l'umanità ottiene così il potere di alterare la società.

Marco Aurelio riteneva che l'uomo fosse inevitabilmente un prodotto della natura e, in quanto tale, è tenuto ad agire in favore della società. In linea con il pensiero stoico tradizionale, egli non applicava questa massima unicamente ai romani che vivevano entro i confini dell'Impero, ma agli individui tutti, in quanto cittadini di una più estesa società mondiale.

Egli condivideva fortemente la nozione greca del cosmopolita, secondo cui l'individuo non è soltanto cittadino di una città o di una provincia, ma del mondo intero. Sebbene fosse stato criticato per non aver rispettato completamente l'etica stoica tramite l'azione quotidiana, la sua ideologia cosmopolita richiedeva che gli uomini si aiutassero reciprocamente, e riteneva fosse importante condividere le difficoltà, sostenersi a vicenda e credeva che gli uomini dovessero essere obbligati dall'onore a condurre chi stava in posizione neutrale, favorevole a tutta la società.

Questo approccio ugualitario al ruolo dell'uomo nell'universo razionale può essere letto alla luce del suo sistema giuridico, che prometteva ampi diritti agli emarginati e cercava di rendere la vita romana ancora più favorevole al coinvolgimento e al miglioramento della comunità. In tal senso, la sua filosofia rieccheggia, svariati secoli dopo, nella voce di Immanuel Kant, il cui imperativo categorico sollecita le persone ad agire soltanto in modo che tutti possano beneficiarne.

Malgrado sia stato spesso criticato dagli storici contemporanei per aver predicato a lungo sulle virtù filosofiche, senza però osservare realmente i suoi stessi insegnamenti, il suo regno è conosciuto per l'atteggiamento di filantropia e di benevolenza rivolto alle classi inferiori della società romana. I soggetti della gran parte dei suoi scritti legali sono le donne, gli orfani e gli schiavi, ed egli stipulò, all'interno del sistema giuridico imperiale, molti vantaggi nei loro confronti (Kamtekar, 2018).

Mise in atto un ordinamento giuridico in grado di svincolare gli schiavi dal loro ruolo di oggetti dal punto di vista legale, trasformandoli in soggetti dal ruolo attivo. Marco Aurelio concesse il diritto della libertà agli schiavi e approvò una legge che aveva il potere di rompere con la vecchia struttura patriarcale e di istituire un nuovo assetto, in cui le madri e le donne in generale, ricoprivano un ruolo di maggiore autorità negli affari domestici.

3

LA FILOSOFIA DEGLI STOICI

Quando Zenone di Cizio iniziò a predicare le idee stoiche, le condizioni sociali dell'antica Grecia non erano molto diverse da quelle di oggi, nel ventunesimo secolo, all'interno del contesto occidentale. La corruzione era dilagante sia nel governo che negli strati più elevati della società, e gli uomini davano più importanza ai templi e alla politica piuttosto che al bene del mondo nel suo complesso. Nell'introduzione al suo ardente e iconoclastico discorso, La Repubblica, egli si scagliò contro questi mali e immaginò una società libera dalle trappole nefaste. I suoi scritti sulla struttura sociale e sulle relative istituzioni furono considerati provocatori, e molto ritennero le sue opinioni eccessivamente idealistiche e non fondate sulla realtà.

Nonostante i difetti puntualizzati dai suoi detrattori, quest'opera è nota come il testo filosofico fondamentale dello Stoicismo in periodo ellenico e, sia i filosofi greci a lui contemporanei che gli storici del ventunesimo secolo lo considerano come un attacco al testo omonimo di Platone. Ne La Repubblica di Platone, il saggio governa su ogni cosa, e l'ordinamento della società viene garantito dall'oligarchia, mentre Zenone immaginava che la società perfetta fosse abitata unicamente da saggi e che questi esercitassero il potere da soli, senza l'aiuto del governo o di altre corporazioni (Erskine, 2000).

È interessante notare che il modo in cui organizzano le loro società riflette il modo in cui hanno affrontato le loro filosofie. Nella repubblica di Zenone, il potere è distribuito tra tutti, proprio come la sua filosofia, diffusa nelle vie perché tutti potessero accedervi. Non c'è bisogno di governanti, perché ognuno ha assimilato il concetto incrollabile della supremazia del raziocinio. Questo è contrapposto all'oligarchia di Platone, che riflette invece i metodi di insegnamento a porte chiuse della sua scuola. Inoltre, egli concepiva le istituzioni sociali, per esempio il matrimonio e la valuta, come intrinseche alla natura umana; al contrario, nella repubblica di Zenone, questi non avevano alcun valore, perché il filosofo stoico offre all'uomo nient'altro che una via di uscita alla vita virtuosa per raggiungere una vita di passione edonistica.

A quel tempo, la nuova filosofia di Zenone – e in particolare la sua audace reazione al modo di pensare predominante in antica Grecia – produssero scandalo e controversie, facendo infuriare numerosi filosofi, che ritenevano le sue idee infantili e poco profonde. Ma per comprendere perché lo Stoicismo avesse creato tanto trambusto nella cultura greca, dovremo analizzarne i suoi principi e valori. Solo così possiamo capire perché queste opinioni venivano criticate e ridicolizzate, ma al contempo riunivano un numero sufficiente di seguaci per guidare l'indagine filosofica dei secoli a venire.

• • •

Innanzitutto, i primi stoici, successivi a Zenone di Cizio, dividevano la loro filosofia in quattro branche: lo studio della ragione o logica, lo studio della fisica e dell'ordine naturale del mondo, attraverso il quale opera l'umanità, e lo studio dell'azione etica e della natura iniqua, o del male.

Egli sosteneva che il saggio dovesse cercare di vivere in modo virtuoso, e quindi in accordo con la ragione, che è il posto dell'uomo nell'ordine naturale del mondo. In questo modo, le basi della filosofia vengono rinfoltite. Si parte da un universo e da un ordine razionale interno. In seguito, da questa supposizione, entriamo in gioco noi uomini, che agiamo nel contesto universale. Questo ruolo è un'estensione diretta dello stesso universo.

E, infine, l'obiettivo dell'uomo: conseguire la virtù con una vita filosofica e introspettiva. Impresso questo ordine al mondo che lo circondava, Zenone gettò le basi di una filosofia che cercava di mettere il mondo naturale al primo posto, in qualità di guida. È dall'ordine dell'universo che tutto proviene. Forse deriva proprio da questo concetto l'idea che non abbiamo alcun potere di controllare il mondo. Del resto, tutto quello che avviene attorno a noi assume un ruolo performativo nelle nostre vite, una sorta di schema in cui viviamo in modo subconscio.

Sebbene molti abbiano emendato la filosofia originale di Zenone nel corso degli anni, e la sua opera non è potuta sopravvivere, è possibile dedurre gran parte del suo insegnamento grazie all'operato dei discepoli, che educò prima della sua morte. In parole povere, nella forma originale dello Stoicismo di Zenone gli studenti vengono introdotti alla nozione dell'uomo come distinto dagli animali di ordine inferiore del mondo, in quanto l'uomo ha la capacità di praticare la ragione. Questa è la base della grande distinzione tra Zenone e le dottrine dei filosofi del suo tempo.

Il pensiero epicureo riteneva che, per raggiungere la felicità, l'uomo dovesse esaminare i propri desideri, gli oggetti del desiderio e ordinare la propria vita attorno alla ricerca di tali oggetti. Secondo Zenone, tuttavia, questa visione del mondo escludeva la differenza principale tra l'uomo e la bestia: l'umanità è provvista di logica e ragione, e il suo posto nel mondo naturale è inseparabile dal pensiero razionale. Anche se gli stoici e gli epicurei condividevano alcune idee in merito alla natura dell'universo, essi applicavano queste strutture alla condizione umana in modo profondamente diverso.

Per gli epicurei edonistici, la spinta del neonato verso il piacere naturale del cibo, dell'acqua e della sicurezza della madre spiegherebbe la natura benefica dei piaceri, che portano al miglioramento umano. Dal momento che questi sono sia i desideri più bassi dell'umanità che la prima cosa che un bambino conosce implicitamente senza che glielo si insegni, la ricerca del piacere dovrebbe essere un esempio di maturità per l'uomo. Epicuro era convinto che privando gli uomini dei propri oggetti di piacere si sarebbero soltanto generate difficoltà nella società, e quindi anche nel mondo.

Al contrario, Zenone pensava che fossero proprio quei desideri a inasprire i lati peggiori dell'uomo, come la crudeltà, l'avidità e la licenziosità. L'inseguimento sfrenato delle passioni, secondo il punto di vista stoico, rifiutava il primato della logica umana e cancellava la divinità della provvidenza che l'uomo possedeva naturalmente. È a causa di questo che Zenone abbracciò così tanto l'ascetismo nella sua filosofia. L'unica cosa che l'umanità potesse fare per migliorare realmente la propria condizione era vivere secondo la ragione e coltivare una visione incline alla pratica del discorso razionale. Tutto il resto non era nient'altro che una distrazione dal vero obiettivo stoico della vita virtuosa.

Per quanto riguarda le leggi della natura e la fisica dell'universo, come le intendevano gli stoici, era il posto provvidenziale dell'uomo nel cosmo a perseguire la sua ragione con tutta la forza della sua comprensione psicologica. Era l'autoconservazione a vivere una vita razionale e mediata, perché era quella vita che avevamo ereditato naturalmente dalle nostre capacità di ragionare, ricevute da Dio. Per gli stoici, la vita filosofica, la ricerca dei saggi, ruota intorno alla ragione, alla virtù e all'ordine naturale del mondo che li circonda. La divinità del cosmo e l'immanenza degli dei avevano un peso fondamentale nelle loro credenze, e negli ultimi anni dell'antichità, lo Stoicismo cominciò a fare i conti con la psicologia, cercando di determinare la sede della felicità e il conflitto tra emozione e ragione.

Nella prossima sezione, spiegheremo cosa significava per Zenone essere uno stoico, e come questo ideale era stato modellato dagli insegnamenti classici ed ellenici a lui precedenti.

L'etica della virtù

Dal punto di vista stoico, così come quello epicureo, l'etica gravitava attorno al significato della felicità. Cosa genera felicità e qual è il suo fine in un mondo dominato dalla ragione? Per parlare di questo stato di appagamento, gli stoici usavano il termine edauimonia, con cui descrivevano la sensazione di felicità sorta da una vita virtuosa, con un occhio di riguardo per l'etica stoica (Baltzly, 2019).

Per raggiungere l'eudaimonia, è importante ottenere ciò che giova al possessore in qualunque circostanza; secondo i discepoli di Zenone, non può essere che una cosa: la virtù.

Per gli stoici, la virtù era la prima pietra su cui era stata eretta quella filosofia. Per gli epicurei, che dominavano il pensiero intellettuale nel periodo antecedente a Zenone, le cose che procuravano piacere, dal momento che il loro possesso ne dava giovamento, erano la ricchezza materiale, il sesso, il buon cibo, il vino e il potere. Nessuno sfuggiva al fascino di un lauto pasto, di una festa o di una relazione extra-coniugale. Per loro, tutto questo era buono e giusto, e lo ritenevano il prodotto finale di una vita ben vissuta.

Zenone capovolse il mondo filosofico sostenendo che queste cose non erano buone e le inserì nella categoria delle cose indifferenti. Essere in possesso di ricchezze e di una bellissima moglie non assicurava felicità per tutti in qualsiasi circostanza e, pertanto, secondo gli stoici non erano cose buone. Certo, un numero esiguo di fortunati poteva averne giovato ed esserne felice, ma gli svariati esempi di corruzione e di angoscia causati dalla ricchezza spinsero Zenone a fondare la sua filosofia ascetica e a raggiungere la conclusione che l'unica cosa al mondo, nell'intero universo, realmente e pienamente buona era la ricerca della virtù.

Nel contesto stoico, la virtù è un termine ombrello e riguarda le funzioni della mente umana che distinguono l'uomo dall'animale. Il coraggio, l'eccellenza del pensiero, la purezza e la moderazione degli impulsi: tutte queste qualità rientravano nella categoria degli attributi virtuosi secondo la scuola di pensiero di Zenone, poiché derivano dall'abilità dell'uomo di ragionare e di pensare in maniera razionale.

Nello studio della visione stoica, ci troviamo nuovamente di fronte a un'enorme differenza tra gli insegnamenti di Zenone ed Epicuro. Il primo sosteneva che, in natura, gli esseri provvisti di anima – l'uomo e gli animali – non inseguono ciò che può giovarli, ma quello che può assisterli nella loro sopravvivenza. Un leone che lotta e muore per difendere i suoi cuccioli non vede la sua esperienza come piacevole, ma si comporta comunque in questo modo per un senso di conservazione, non solo di sé stesso, ma anche dei suoi piccoli. Allo stesso modo, gli uomini possono inseguire la ricchezza e il potere, ma queste cose non gli permettono di sopravvivere né di salvare la sua comunità.

Pertanto, per gli stoici la felicità non derivava dal piacere, ma da una vita guidata dalla ragione, e una vita di indagine richiedeva il rispetto di quelle qualità ritenute virtuose. Da questa idea, gli stoici arrivarono alla conclusione che l'ascetismo era la strada giusta per il saggio, e l'unico comportamento accettabile dell'uomo piegato alle leggi della razionalità consisteva nel rinunciare agli atteggiamenti che contribuivano alla corruzione e al fallimento morale degli affari greci.

L'efficacia della forza d'animo contro le emozioni negative

Mettere in pratica l'amore stoico per la razionalità e la virtù nel mondo reale potrebbe sembrare difficile se si considera la cultura consumistica in cui ci troviamo, e sicuramente gli stoici del secondo e del terzo secolo a.C. devono aver riscontrato delle difficoltà nel diffondere la loro filosofia, così austera e poco appetibile rispetto all'edonismo epicureo. Ma le gioie dello Stoicismo e il loro utilizzo pratico come determinante del pensiero e dell'azione umana vanno più a fondo del mero piacere, e tramite la loro attuazione, le idee stoiche accompagnano alla felicità in maniera più indiretta e complessa.

Mettendo in pratica i valori stoici e cercando di condurre una vita virtuosa, come stabilito da Zenone e dai suoi seguaci, veniamo esposti al problema del male nel mondo. Le emozioni negative legate al dolore, alla rabbia e al desiderio sono intrinseche alla condizione umana e, per aggirare la loro influenza bisogna essere saggi; infatti, gli stoici affermavano che, osservando il potere della ragione, il saggio è in grado di liberarsi da tutte le emozioni negative e di prendere il mondo per il suo "valore nominale". Accettando la presenza del male e della negatività del mondo, gli stoici si sbarazzavano dalle catene e sviluppavano un discorso psicologico e metafisico.

• • •

Prendiamo Epitteto come esempio. Nato schiavo e costretto a sopportare le peggiori avversità, a superare gli ostacoli alla felicità umana, egli avrebbe avuto tutte le ragioni per crogiolarsi nell'edonismo una volta libero. Malgrado ciò, Epitteto scelse di continuare con il suo ragionamento stoico, rispettando gli insegnamenti di Zenone perché, come tutti i migliori stoici, egli credeva che le emozioni negative derivassero dall'idea errata che la felicità fosse qualcosa da conquistare tramite l'interazione con il mondo esterno, piuttosto che qualcosa da scoprire mediante la meditazione e l'arte della crescita individuale.

• • •

Per gli stoici, le avversità come la schiavitù, la guerra e la carestia sono funzioni del mondo a cui non possiamo sfuggire. Siamo sopraffatti da queste forze e non possiamo farci nulla: l'unica cosa che ci è concessa è controllare le nostre reazioni. Conservando la loro forza d'animo, gli stoici riuscivano a eludere le sfide della vita quotidiana.

L'efficacia dello Stoicismo in quanto mezzo per affrontare le ostilità si manifesta nelle storie di molti importanti filosofi stoici. La brutalità del mondo antico dava origine a molte occasioni per meditare sulla natura del male e su come gestire la sua presenza nella vita. Attraverso il complesso delle loro esperienze, gli stoici svilupparono naturalmente una forza d'animo internamente alle dottrine filosofiche che puntavano a creare uno stato mentale impenetrabile per le dispute esterne. Questo pensiero, in linea con la filosofia orientale, è una delle connessioni principali tra le scuole elleniche e altre filosofie, come il taoismo e il buddismo.

Questa convinzione incarna uno dei cardini fondamentali della filosofia stoica. Si fonda sull'ipotesi che le emozioni non agiscono sugli uomini e che non sono un prodotto delle forze esterne che intervengono sull'animo umano. Esse sono infatti il prodotto dell'animo umano stesso, e rientrano pertanto nella sfera di ciò che può essere controllato mediante la temperanza. Modificando il modo in cui si reagisce alle lamentele, agli inconvenienti e alle tragedie, è possibile moderare le proprie emozioni e riflettere in maniera razionale sulle cause del malcontento.

. . .

...

L'invito degli stoici a regolare le emozioni è stato spesso inquinato nel corso dei secoli, ed è uno dei motivi del contraccolpo contro il pensiero stoico nella storia europea, dal Rinascimento all'Illuminismo. Infatti, i pensatori di quel periodo non credevano che negare le passioni avrebbe migliorato la qualità della vita. Tuttavia, si tratta di un fraintendimento, perché gli stoici non predicavano il ripudio e la negazione assoluta delle emozioni. Come abbiamo già detto, Seneca riteneva che qualunque tentativo di moderare le emozioni fosse destinato a fallire, perché queste ultime, per natura, esistono fuori dal regno della ragione e, pertanto, non possono essere controllate dal solo pensiero razionale.

Invece di rinunciare interamente alle emozioni, la filosofia stoica sostiene che moderando le nostre reazioni e le percezioni, ignorando i pregiudizi e le norme della società relative a cose come il crimine e la corruzione, possiamo cambiare la maniera in cui questi mali ci affliggono. Possiamo imparare a adottare l'atteggiamento stoico dell'apatia sia verso le passioni positive che verso quelle negative, e apprendere così la sapienza del saggio predicata da Zenone. Questa nozione appare spesso nel corso dei secoli, da Epitteto fino a Seneca, ed è una pietra miliare della filosofia.

In un certo senso, servirsi della forza d'animo contro le emozioni negative è il vero obiettivo della filosofia stoica. In un mondo assediato dal male, dalle emozioni corrotte e dalle azioni provocate da tali emozioni, lo Stoicismo offre una via di salvezza per coloro che cercano di migliorare sé stessi e, dunque, anche il mondo circostante. Per questo Seneca sostiene che il saggio non reagisce in modo avverso ai mali della condizione umana, come il vizio, la guerra e il lutto, ma "sorride... perché la sua allegria gli dà speranza" (Vogt, 2016).

Le sue idee a riguardo sono il perfetto esempio di come lo Stoicismo esista non solo come filosofia per gli intellettuali, ma anche come una guida laica per una vita virtuosa e trarne quindi beneficio. Nel caso di una situazione avversa, è sufficiente cambiare la propria percezione di essa per liberarsi dal preconcetto secondo cui un input negativo deve risultare in un output altrettanto negativo.

...

Un problema non si risolve aggiungendoci un altro problema. L'unico modo per affrontare l'avversità è di ricordare che, se si trattiene la propria reazione emotiva allo stimolo, si possono superare difficoltà come la schiavitù, nel caso di Epitteto, o il regno folle di un imperatore assassino, come nel caso di Seneca.

Il naturalismo e la visione stoica del mondo

Non è possibile parlare del naturalismo degli stoici senza trattare la loro fede negli dèi. Per gli stoici, l'universo è divino, mediato e governato dai principi di una o più divinità e serve allo scopo stabilito dalle stesse. Gli uomini rientrano in questo mondo come creature razionali, e il raziocinio corrisponde al dono di un dio benevolo. In questo modo, filosofi come

Epitteto vedevano il pensiero umano come una sorta di propaggine della stessa divina provvidenza in funzione dell'ordinamento universale. Per gli stoici, dio rappresenta la vita e la vitalità dell'universo, ed esiste sia corporalmente che sotto forma di sostanza divina, dentro di noi.

• • •

Una delle curiosità della fisica stoica giace nell'orientazione biologica con cui vedevano le divinità. Per loro, dio (o gli dèi) era un essere materiale, costituito dagli stessi atomi di cui è composto il mondo, l'uomo e il cosmos. Inoltre, la natura delle divinità viene associata a quella del fuoco, che dona la vita e il calore a ciò che si sforza di creare.

Dal momento che le divinità degli stoici erano degli esseri razionali, e l'ordinamento razionale dell'universo deriva dalla natura razionale della divinità responsabile della sua creazione, gli antichi seguaci di Zenone descrivevano dio come una sorta di "soffio caldo" o pneuma infuocato. Questa definizione potrebbe essere in gran parte ispirata alla teoria medicinale ellenica, e alla loro dipendenza da un cosmo biologicamente orientato stabilisce una grande discordanza dottrinale con le filosofie affermatesi.

Gli epicurei credevano che dio fosse materiale, proprio come gli stoici, ma le divinità non erano viste come esseri razionali che instillavano la razionalità nelle loro creazioni. Essi ritenevano che l'ordinamento del mondo fosse casuale, una collisione atomica come veniva interpretata dai greci, e la divinità creatrice era un essere noncurante, che si era staccato da lungo tempo dai destini e dagli animi dell'umanità.

Nel Cristianesimo, dio è una divinità benevola e attenta, non dissimile da quella stoica, ma le similitudini si fermano qui. Il dio cristiano è completamente separato dall'uomo: questo differenzia ampiamente il modo in cui le due scuole di pensiero trattano la questione della provvidenza. Gli stoici ritengono che, in un certo senso, ognuno di noi contiene una milionesima parte di dio. Noi tutti conteniamo quel seme di razionalità che abbiamo ricevuto dal dio razionale. I cristiani, al contrario, sostengono che dio è uno stato irraggiungibile di perfezione a cui l'uomo non può aspirare.

Forse, la visione stoica delle divinità e della loro natura contribuì alla sopravvivenza della filosofia come stile di vita. Prendendo i poteri di una divinità e trasferendoli nell'animo dell'umanità, gli stoici producono una visione del mondo che permette ai suoi seguaci di partecipare all'ordine divino, piuttosto che guardarlo come un osservatore passivo.

L'irraggiungibilità del dio cristiano e l'atteggiamento incurante del dio epicureo rende l'interpretazione stoica più allettante e sicuramente incline al miglioramento di sé. Introducendo le qualità degli dèi all'interno dell'animo umano, la filosofia dello Stoicismo genera un senso di autorità nel determinare il proprio destino. Gli stessi "meccanismi di pensiero" all'opera nella creazione dell'universo vengono usati nella creazione del ragionamento, delle emozioni e della personalità umana.

. . .

Questo produce un rafforzamento del credente, poiché egli fa spazio all'"unicità" universale, che è fondamentale al pensiero stoico rispetto all'ordinamento universale. Dal momento che la divinità responsabile della creazione ha conferito le sue stesse qualità al creato, ogni cosa nell'universo esiste secondo una certa armonia, il che ispira alcune nozioni stoiche come la supremazia della razionalità.

• • •

Anche Seneca scrisse molto sulla visione stoica della legge naturale, sia sulla deriva deterministica predicata dai filosofi che sul timore che essa provoca negli uomini.

Secondo Seneca, il "feto contiene il seme della sua morte, gli albori del mondo inglobano la sua fine" (Vogt 2016). Per accomodare questa idea al resto della visione stoica, si può affermare che se il mondo è un luogo deterministico per natura, in quanto prodotto dell'ordinamento razionale imposto da Zeus, allora le forze della natura e gli effetti di tali forze sul mondo umano possono essere viste dagli stoici nello stesso modo in cui interpretano il denaro e la proprietà: né buone né cattive, ma indifferenti.

Rientrano nel campo delle cose su cui non abbiamo alcun controllo e, pertanto, dovrebbero aiutare gli stoici a ricordare loro che la morte e le calamità naturali vengono prestabilite dalle divinità e sono aspetti definitivi su cui l'umanità non ha alcuna autorità. Questa nozione, se messa in azione entro il loro contesto morale, permette agli stoici di interpretare la morte non come una tragedia, ma come una sorta di rito a cui deve partecipare chiunque.

Per Seneca, lo scopo del mondo naturale è di ricordare all'uomo della sua mortalità. Le stagioni, i pericoli dell'alta marea, gli eventi apparentemente casuali dell'antica Grecia, come i terremoti o le eruzioni vulcaniche, sono soltanto delle manifestazioni della provvidenza divina che, in prima battuta, mise in moto il mondo. Quest'idea veniva usata per rafforzare ulteriormente gli argomenti a favore dell'uguaglianza promossi da molti intellettuali stoici. Se la morte ci unisce, poiché vissuta in egual misura da ricchi e poveri, liberi e schiavi, allora quanto conta la posizione sociale di un uomo nel determinare la sua qualità della vita?

Questo ideale riecheggia nelle Meditazioni di Marco Aurelio, quando stabilisce che la dicotomia "provvidenza o atomo" è il fattore determinante dell'ordine dell'universo. Non importa se l'universo è il risultato della provvidenza, come sostiene il pensiero stoico, o se è il prodotto di una collisione di atomi in uno spazio vuoto, come ritenevano gli epicurei: Marco Aurelio si serviva della prospettiva stoica per affermare che gli orpelli della società romana del secondo secolo devono essere indifferenti, poiché non è possibile decidere se distribuirli tra gli uomini buoni o cattivi.

· · ·

Questo è un esempio di Marco Aurelio alle prese con gli insegnamenti Stoici nel suo diario e di come cercasse di trovare una soluzione filosofica alla natura del bene e del male, usando la mentalità naturalistica avanzata da Zenone. Egli è a favore dell'idea del mondo come provvidenziale e sostiene che la ricerca della felicità tramite l'eccesso edonistico sia un portale per una gioia effimera e fallace, poiché non conforme alla fisica stoica. Secondo lui, se la ricchezza non viene distribuita in modo uniforme seguendo la razionalità e la virtù umana, allora non è "giusto", nel senso stoico del termine, ricercare queste cose. Tali ricerche sarebbero contrarie all'ordine naturale, e cancellano la divinità dell'ordinamento provvidenziale del cosmo e del mondo.

La centralità di Dio nel mondo naturale e in quello umano è uno dei principi fondanti del pensiero stoico, ma non comprende le teorie sulla funzionalità del nostro mondo. Gli stoici credevano inoltre nella natura ciclica del pianeta, come dimostrato dal ciclo vitale umano e da altre osservazioni empiriche, e queste convinzioni avevano delle conseguenze sulle loro discussioni etiche e filosofiche.

L'individuazione della struttura ciclica del mondo ispirò in seguito il loro pensiero sulla causalità e sul determinismo, e si stagliò come premessa fondante per il dibattito sul ruolo di Dio nello stabilire gli eventi dell'universo.

Per gli stoici, sebbene il mondo sia ampiamente influenzato dagli eventi, da ciò che è venuto prima di noi e che ci ha aiutati a modellare il contesto in cui viviamo, le azioni che una persona decide di compiere sono il prodotto delle sue decisioni, della sua esperienza e delle sue virtù, poiché opera del destino o del determinismo.

Le reazioni, la volontà e i pensieri di un individuo, secondo i filosofi stoici, dipendono interamente dallo stesso, e anche se l'universo è deterministico, questo non significa che gli uomini non hanno potere sulle proprie azioni o pensieri.

4

LO STOICISMO MODERNO

Come affermato in precedenza, il mondo antico, dalla Grecia a Roma accoglieva lo Stoicismo come filosofia, come un contesto educativo e come stile di vita. La sua influenza era diffusa, e il fatto che i maestri avessero la possibilità di tenere seminari e dibattiti nei luoghi pubblici offriva ai seguaci una visione filosofica che i primissimi pensatori, come Aristotele e Platone, non potevano dispensare al popolo a causa delle loro lezioni a porte chiuse e dell'organizzazione delle istituzioni educative nell'antica Grecia.

Dal momento che Zenone era un iconoclasta che cercava di rovesciare il mondo intellettuale con il suo stile di vita e i suoi insegnamenti, egli divenne una figura pubblica per il popolo di Atene e le sue dottrine furono ricordate e vi aderì un buon numero di persone.

. . .

Dopo il periodo antico, lo Stoicismo sembra essere passato di moda e viene per questo ignorato o dimenticato nei secoli medievali dell'egemonia cristiana. I filosofi del Medioevo erano preoccupati dalle questioni sulla corporeità e sulla natura materiale dell'anima, e queste idee erano ritenute spesso come contraddittorie rispetto agli insegnamenti della chiesa, se non addirittura offensive ed eclatanti per coloro che coltivavano l'arte della conoscenza nei monasteri, sotto la supervisione attenta dei priori, che controllavano i mezzi di pubblicazione e di diffusione delle informazioni, in un'era in cui ancora non esisteva la stampa.

Questi contrasti tra l'antico modo di pensare e la moderna visione del mondo giudeo-cristiana hanno dato origine a una scuola di pensiero nel sedicesimo e nel diciassettesimo secolo, conosciuta con il nome di Neostoicismo.

...

I membri del Neostoicismo erano un gruppo di filosofi che intendevano fondere le due posizioni in un unico ambito di studio, che avrebbe racchiuso gli insegnamenti di entrambe le discipline e offerto ai suoi seguaci un mezzo per dare un senso alle violenze religiose efferate e radicali che affliggevano l'Europa nel Cinquecento e nella prima parte del Seicento. Il padre fondatore del Neostoicismo fu Giusto Lipsio, un intellettuale cattolico nato nell'attuale Belgio che, tuttavia, cambiò spesso idea e alleanze durante la sua vita. Proprio per questo motivo, molti contemporanei criticavano la sua filosofia e cercavano di sminuire l'importanza della sua opera.

. . .

Nonostante il contemporaneo disconoscimento dei suoi principi religiosi, Giusto Lipsio divenne comunque un filosofo rinomato e lasciò una traccia indelebile nello studio dello Stoicismo grazie al suo lavoro di analisi di Seneca.

I tempi in cui viveva influenzarono in diversi modi la sua dottrina, e oggi viene infatti ricordato come un antidoto alle filosofie spietate di Machiavelli (Papy, 2019). Egli fu per tutta la vita un sostenitore della monarchia, sulla base dei principi stoici, e scrisse diversi testi politici che miravano a sovvertire le idee promulgate dall'opera fondamentale di Machiavelli, Il Principe.

Secondo Lipsio, infatti, la monarchia non dovrebbe fondarsi sulla conquista del potere, ma sulle reazioni moderate e stoiche di un sovrano giusto.

Considerati i tempi in cui viveva, non è difficile immaginare perché Lipsio volesse argomentare sulle origini del potere politico e sull'equilibrio di potere tra i monarchi assoluti e i loro sudditi. La guerra civile, diffusa per tutto il continente europeo, aprì le porte a una serie di scritti filosofici in cui venivano esaltate le idee di rivolta e di regicidio, e molti autori sostenevano, sulla scia della moda proto-americana, che l'unico modo per destituire un monarca ingiusto fosse quello di impedirgli di diventare scorretto. Secondo Lipsio, questo era un affronto agli insegnamenti di Seneca. Egli affermava che educando le famiglie reali europee secondo i precetti stoici, la ribellione del popolo si sarebbe trasformata in un semplice dibattito e l'armonia prevista circa duemila anni prima nella Repubblica di Zenone sarebbe diventata realtà.

Sebbene Lipsio non riuscì ad affermare la sua idea di monarchia stoica, gli insegnamenti ebbero un impatto per molti secoli dopo la sua morte, e importanti filosofi morali delle età successive sono in debito nei confronti del suo lavoro, per le nozioni di giustizia, virtù e natura umana.

La sua opera gettò le basi del movimento umanista e di quello illuminista, e diffuse il pensiero stoico originale, malgrado egli abbia tentato di fonderlo all'etica cristiana, con il quale era apertamente incompatibile.

Negli ultimi anni, lo Stoicismo ha attraversato un'altra fase di rinascita ed è tornato a essere una scuola di pensiero seguita da praticanti che intendono migliorare la propria vita e quella degli altri. La dottrina si è evoluta dalle prime manifestazioni di Zenone affinché potesse adattarsi meglio al mondo contemporaneo, ma i principi capitali sono rimasti gli stessi: il mondo agisce secondo la propria natura e, in quanto parte attiva nel mondo, siamo soggetti alla stessa, nel bene o nel male. Il saggio non deve preoccuparsi di ciò che non può cambiare, ma di quello che può fare per raggiungere la felicità stoica.

Oggi, queste idee vengono messe in pratica dalla psicoterapia e dalla terapia cognitivo-comportamentale. Infatti, molte delle riflessioni psicologiche si fondano, o sono influenzate, su numerosi principi avanzati dai filosofi stoici dell'antichità. I metodi psicologici e le discipline che precedono la terapia cognitivo-comportamentale, come la Terapia razionale emotiva (RET) di Albert Ellis, impiegata a partire dal 1955, sono ampiamente condizionate dal lavoro dei filosofi stoici (Ellis, 2007).

Per il resto di questo libro, prenderemo in considerazione tutto quello che abbiamo imparato sugli stoici, sul loro pensiero e sui tempi in cui vissero, e cercheremo di tracciare l'applicazione della loro filosofia lungo il corso del ventesimo e del ventunesimo secolo. Inoltre, ci proponiamo di indagare questo nuovo insieme di discorsi filosofici e psicologici, al fine di rintracciare dei metodi utili a condurre una vita più produttiva e positiva.

Non puoi controllare tutto

Albert Ellis, il fondatore della RET e uno dei maggiori sostenitori del pensiero stoico nella psicologia moderna, ritiene che gli uomini siano guidati all'azione non solo mediante la loro conoscenza e il loro essere, ma anche dal mondo che li circonda. Le reazioni individuali a determinati stimoli non sono generate dal rispetto passivo del mondo, ma dal desiderio costante del soggetto di crearsi una realtà propria a sé stesso. Le percezioni sono di fondamentale importanza in questo contesto, e le nozioni proposte da Ellis si ispirano profondamente al pensiero stoico originale, anche se legate al concetto del desiderio. Il turbamento emotivo, provocato dal fallimento nel conseguire un traguardo, dal mancato successo o da una miriade di altri dispiaceri che ogni giorno dobbiamo affrontare nella vita di tutti i giorni, era radicato negli stessi problemi riscontrati da Epitteto e Zenone nel loro ambiente.

• • •

Di fatto, i desideri non sempre si conformano alla realtà. Gli stoici sostenevano che il mondo esistesse all'infuori dell'umanità e che agisse sulla stessa; essi erano convinti che l'unica risposta razionale umana a tali azioni consisteva nel cambiare prospettiva: non cambiare lo stimolo, ma la reazione allo stimolo. Allo stesso modo, la terapia RET di Ellis ritiene che le condizioni emotive emergano quando le persone si rifiutano di limitare le proprie aspettative o non riescono a prendere il mondo per quello che è realmente, ovvero un'entità completamente estranea dal nostro controllo.

E quindi, quali sono le conseguenze di un mondo estraneo al controllo umano? Nell'era postmoderna e in quella digitale, l'attività umana influenza talmente "il mondo" che, persino il clima e il corso delle calamità naturali sembrano esserne condizionati. Questo sembrerebbe ridurre le illuminanti conclusioni di Zenone, di Seneca e di Marco Aurelio: pertanto, i loro insegnamenti hanno retto nell'era moderna? Se si considera l'umanità nella sua interezza, gran parte dei mali del mondo sembrano essere sotto il nostro controllo, ma per la filosofia stoica questa non è altro che un'illusione.

• • •

• • •

Sebbene possa sembrare che le "persone" controllino il corso della storia, i singoli individui non hanno pressoché alcun impatto sul mondo, in crescente automazione e privo di interazione umana. Per rispettare la linea di pensiero stoica originale, si dovrebbe accettare il fatto che è il corso della storia ad agire sull'uomo, e non viceversa.

Si tratta di una riflessione negativa, specialmente se accostata ai valori moderni, ed è in conflitto con la visione individualista che ha dominato gli Stati Uniti negli ultimi secoli. Ma se la si guarda sotto un'altra luce, è possibile giungere a una conclusione diversa: è vero, potremmo non essere in grado di controllare tutto, e molte delle cose su cui non abbiamo controllo alterano o influenzano il corso della nostra vita, ma questa realtà offre allo stoico moderno una sensazione di libertà dall'ansia e dallo stress, normalmente associate alle difficoltà della vita moderna.

È facile disperarsi per la macchina rotta, per il caos dei trasporti pubblici, per le carestie, le guerre e il fantasma dell'era imperiale ancora incombente sull'era digitale, ma è impossibile considerare questi fattori di stress come irreparabili, innati nell'esperienza dell'uomo moderno. Tuttavia, grazie agli antichi insegnamenti stoici, capiamo che non avere controllo su questi eventi ci consente di reagire liberamente.

E, come hanno affermato molti filosofi del passato, per cambiare il modo in cui reagiamo è necessario rivedere l'intero paradigma dell'umanità come impotente. Se non ci lasciamo toccare dalle avversità della vita, possiamo arrivare a uno stadio in cui tali avversità, che causano tanto stress, non sono che un'altra declinazione della vita e, pertanto, marginali nel determinare la nostra felicità.

Certo, non siamo al comando del mondo, ma con lo stoicismo, non è più una questione importante. L'unica cosa che conta per il saggio stoico è reagire al mondo. Quando questa realtà raggiunge il suo massimo potenziale, diventa impossibile arenarsi a causa delle peripezie, poiché importa solo il nostro controllo sulle emozioni. E queste ultime sono responsabili del nostro benessere e della nostra felicità.

Trarre il meglio dal peggio: conformarsi alla realtà

Nell'era moderna, molte delle idee di Zenone sono passate di moda e non vengono considerate come fondamentali al raggiungimento della felicità o della virtù. Originariamente, il saggio era incatenato al rispetto assoluto delle leggi della natura che, come spiegato dai primi stoici, implicava una vita razionale e in linea con i loro principi etici.

Prendendo in considerazione i progressi scientifici e i traguardi culturali dell'umanità nell'attuale millennio, la visione e la percezione delle leggi della natura, delineate dai primi stoici, non possono essere viste come una dottrina. Lo stoicismo moderno, piuttosto che invitare a una vita in conformità con le leggi della natura, ha decretato che l'universo è palesemente indifferente nei nostri confronti.

. . .

Questo solleva ovviamente questioni preoccupanti per l'adesione della vecchia via, poiché i potenti della filosofia stoica nel periodo classico ed ellenistico erano tutti d'accordo che la razionalità dell'universo rappresentasse una sorta di razionalità della mente umana, e poiché entrambi erano organizzati dallo stesso essere, entrambi erano, in un certo senso, anche dello stesso genere. Le atrocità commesse dall'uomo nei confronti dei suoi simili sono diventate un chiaro monito dell'ingenuità degli antichi filosofi, e provano che il mondo non può essere considerato un luogo indegnamente razionale o buono.

Lo Stoicismo moderno cerca di connettere le sue idee alla vita quotidiana come faceva Zenone, ma con obiettivi diversi. Piuttosto che cercare di essere in armonia con un mondo che è chiaramente disarmonico, i sostenitori dello Stoicismo moderno implorano gli aderenti di essere in armonia con il loro mondo particolare.

• • •

Pertanto, la scuola dello Stoicismo moderno propone una dottrina introspettiva del miglioramento di sé, piuttosto che un esempio di pensiero in grado di curare i mali del mondo. Si può quasi dire che gli echi di Zenone si sono distorti nel corso degli anni e che, nell'era moderna, i suoi insegnamenti mirano a rendere il mondo un posto migliore rendendo migliori i suoi abitanti, e questo può essere fatto solo essendo prima in pace con il mondo sociale, culturale, emotivo, politico e psicologico in cui gli individui risiedono.

. . .

Per vivere in pace e in uno stato di accettazione nei confronti del proprio ambiente personale, l'individuo deve comprendere che è inutile imporsi sulle cose che non possono essere cambiate. È inutile sprecare energie su un progetto impossibile: lo stoico si accontenta di accettare le ostilità per quello che sono e di spogliarsi del lessico emotivo e passionale quando reagisce alle avversità immutabili.

. . .

Questa filosofia rilascia energia e produttività creativa che possono essere impiegate in utilizzi del tempo e della mente più efficaci e ragionevoli. Se la teoria di Ellis, secondo cui le aspettative illusorie sono il germe di diverse forme di neurosi, è esatta, allora conformarsi alla propria realtà personale potrebbe aiutare a superare le sofferenze associate a molte diagnosi psichiche (Ellis, 1991).

In questa prospettiva, possedere una realtà personale significa scendere a patti con il proprio sistema di abilità, o con il proprio corpo, passato e crescita, e decidere come usare questi attributi per il proprio vantaggio. È solo questa la strada in grado di stimolare l'azione personale. Se qualcuno dovesse scagliarsi contro i propri attributi, considerati inalterabili, questo risulterebbe in ostacoli insormontabili per la propria crescita personale ed emotiva. Diventerebbero gli stessi fattori di stress che il pensatore illuminato cerca di sfidare.

. . .

Lo sviluppo dell'azione mediante l'accettazione di sé stessi è un principio fondamentale del nuovo Stoicismo. Affinando il proprio operato e l'abilità di agire sull'ambiente che ci circonda possiamo esercitare il libero arbitrio.

Il libero arbitrio e la risposta emotiva

Il libero arbitrio è uno dei precetti capitali di molte filosofie che hanno affascinato l'immaginazione umana sin dai tempi dell'antica Grecia. I cristiani lo accettavano come eredità delle vecchie scuole di pensiero, e fu considerato la sorgente da cui provenivano tutti i mali del mondo. Friedrich Nietzsche, filosofo tedesco del diciannovesimo secolo, affermò: "l'intelletto non è uno specchio del mondo, ma uno strumento della volontà" (Ure, 2009). Concependo l'intelletto umano come uno strumento impiegato dal nostro stesso libero arbitrio ci sbarazza dell'idea di libero arbitrio condizionato negativamente dalle nostre emozioni.

La storia di Eva nel Giardino dell'Eden è considerata ovunque come una denuncia della bellezza del libero arbitrio. Per i teologi cristiani, fu a causa della sua sregolatezza e del mancato arbitrio che finì per accettare l'offerta del serpente, sciupando definitivamente l'innocenza dell'umanità e facendo così trionfare l'idea che la libertà deve essere governata dalla moralità cristiana. Nel presente contesto, il libero arbitrio è sia il prodotto che la causa dell'interferenza emotiva associata alla passione umana.

Gli stoici vedono il libero arbitrio sotto un'altra luce. Tornando a Epitteto, la volontà degli uomini era vista come positiva. Essa ci rende responsabili delle nostre azioni e offre il massimo grado di libertà che si associa al proprio stato di natura.

L'abilità di pensare per sé stessi, di definire la propria realtà e di costruire strutture educative, psicologiche e filosofiche dipende dalla nostra libertà di scelta. Per lo stoico moderno, si tratta di uno strumento potente che aiuta a mediare nella vita stressante dell'attuale mondo frenetico. La massima secondo cui la nostra volontà di scegliere, la nostra abilità di deliberare e di accordarci su quanto riteniamo maggiormente gradevole è intrinseca alla nostra identità e ci permette di riflettere non tanto sul ruolo delle emozioni nel determinare la nostra volontà, ma sul ruolo della nostra volontà nel determinare le emozioni. È facile perdere il controllo delle proprie emozioni in caso di forte stress, ma se teniamo a mente che ne siamo responsabili e che disponiamo del potere di cambiare le cose, allora riusciremo a mitigare i sentimenti di rabbia e di disperazione suscitati dalle circostanze avverse.

Sebbene non fosse uno stoico, nella sua opera l'importante filosofo Friedrich Nietzsche cercò di sviluppare una terapia filosofica per coloro che non erano in grado di trovare sollievo in un mondo piegato dalla distruzione della felicità individuale, e propose che le emozioni "derivano da e rappresentano la stima del nostro potere di modellare o controllare il mondo esterno" (Ure, 2009).

Le emozioni negative si originano proprio dall'incapacità dell'uomo di comprendere la sua impossibilità di agire sul mondo esterno, intralciando la felicità, la produttività, il pensiero libero e qualunque cosa sia associata a una vita felice e di successo. Questa confusione produce disperazione e la creazione di artifici e costrutti atti a riprodurre l'illusione del controllo, come la divinizzazione dell'andamento climatico e delle calamità naturali, condivisa da tutte le antiche culture.

Per affrontare questo dilemma con la prospettiva del libero arbitrio, possiamo riflettere su come una ferma volontà possa eludere la disperazione descritta da Nietzsche. Dopotutto, abbiamo la libertà di scegliere i nostri pensieri, il che implica la libertà di decidere se combattere o meno con la nostra inefficacia. Se decidiamo, per mezzo di un atto di libero arbitrio, di ignorare le circostanze negative, causa di preoccupazione, allora stiamo scegliendo di compromettere la nostra connessione emotiva con la situazione che sta provocando una reazione di stress.

Se il libero arbitrio assume un ruolo primario nel considerare la sua relazione con i sentimenti umani, esso offre all'individuo una maggiore autonomia nel determinare l'esito dei suoi sforzi, poiché libera da quell'incertezza che invece richiede una reazione molto emotiva. Il libero arbitrio aiuta a mantenere la mente libera e a discutere in modo razionale su una specifica circostanza; offre al saggio uno strumento utile, da aggiungere al suo arsenale di tecniche per tollerare le avversità del mondo moderno in maniera filosoficamente virtuosa.

5

APPLICARE LO STOICISMO

Nel corso dei secoli, gli stoici hanno sostenuto l'inutilità dell'indagine filosofica, nella misura in cui essa non apporta alcun cambiamento significativo alle azioni o allo stile di vita dell'individuo.

Sin dai primi stoici, passando per i revivalisti, come Giusto Lipsio, i membri dello Stoicismo hanno sempre fornito al proprio pubblico delle idee su come mettere in pratica la filosofia nel "mondo reale". Con l'avvento dello Stoicismo moderno, questo sforzo nell'offrire gli strumenti per dare una svolta alla propria vita si è incarnato nelle terapie psicologiche, le quali affrontano le circostanze degli sconvolgimenti emotivi.

• • •

. . .

A partire dal primo stoico moderno, Albert Ellis e la sua terapia razionale emotiva, passando per altre manifestazioni della terapia cognitivo comportamentale, le quali attingono alla massima stoica secondo cui sono i pensieri negativi a produrre emozioni negative, molti degli studiosi che oggi pubblicano articoli sull'argomento sono concordi sul fatto che la depressione e la mentalità pessimista sono il risultato di una visione alterata di come dovrebbe essere il mondo.

Sfortunatamente per chi soffre di depressione, come illustrato dai quattro quadri logici esposti da Ellis, non abbiamo alcun controllo su come dovrebbe essere il mondo, né possiamo decidere il suo funzionamento o se esso interferisca con le nostre azioni. Inoltre, è sbagliato affermare che il mondo è o non è come dovrebbe solo per coltivare la propria felicità, poiché si fonda su un presupposto errato secondo il quale il mondo dovrebbe essere in qualche modo particolare.

Seguendo l'antica dottrina stoica, possiamo affermare che il mondo è stato allestito secondo un piano provvidenziale, e se non siamo in grado di accettare questo tipo di spiegazione, a causa della nostra modernità o della sfiducia nelle forze superiori, possiamo comunque considerare il mondo come il risultato delle macchinazioni della storia. Questo non significa che gli uomini non possano fare nulla per migliorare sé stessi o il mondo. Infatti, la fusione di psicologia e filosofia incarnata dallo Stoicismo moderno rappresenta proprio un tentativo in quella direzione. La metodologia impiegata è poco ortodossa: la RET e le varie tecniche cognitivo comportamentali derivano tutte dalla nozione stoica che alcuni aspetti del mondo non possono essere controllati. Tali branche della psicoterapia si fondano ampiamente sull'idea che per cambiare il nostro pensiero bisogna innanzitutto trasformare le nostre associazioni mentali, ormai desuete.

Non significa che lo Stoicismo moderno non sia in grado di cambiare il mondo, ma che lo fa attraverso canali indiretti, cambiando la percezione del mondo dei suoi seguaci.

Diversi studiosi contemporanei hanno deciso di avvicinarsi allo Stoicismo, promuovendo il ritorno alla semplicità, alla visione introspettiva, tenendo in gran conto la logica e la ragione.

Accettare questa prospettiva è benefico sia all'individuo che alla società, e la fusione delle terapie comportamentali con gli insegnamenti degli stoici come Albert Ellis, Aaron T. Beck e Lawrence Becker sono un mezzo per offrire questo nuovo schema di pensiero alle persone che ne hanno più bisogno, ovvero chi soffre di ansia, depressione, apatia e letargia.

La dottrina dello Stoicismo moderno è molto varia e diversificata. In questo capitolo parleremo dell'applicazione dei principi stoici nella psicologia moderna.

Perché preoccuparsi? Il fulcro dello Stoicismo

Gli stoici moderni cercano di applicare il proprio pensiero razionale e le emozioni moderate a un mondo che è tutto tranne che razionale. Gli sforzi possono rivelarsi inutili, oltre che estenuanti e, per lunghi periodi di tempo, vani. Ma quando riusciamo ad applicare lo stile di vita stoico alla nostra vita di tutti i giorni, noi offriamo al mondo un esempio di come fare un passo indietro e apprezzare le complessità della vita per quello che è: una rete di conoscenze, una serie di circostanze interconnesse e di stimoli che agiscono su di noi, e che ci intrappolano come nelle ragnatele. Soltanto il saggio stoico può prepararci alle sfide caotiche e febbrili del mondo moderno, rafforzando la nostra volontà e liberandoci dai grovigli emotivi, i quali trascinano molte persone nel fango del potenziale perduto.

Essere stoici significa accettare il fallimento. Significa rinunciare al proprio dominio e, soprattutto, al desiderio di controllo. Significa che sei intenzionato a guardare l'universo caotico, disordinato e indifferente che ti circonda, e a sorridere alla deflagrazione, grato per lo spettacolo e per la folle corsa che ti aspettano. Molti dei saggi dei secoli precedenti erano incapaci di arrabbiarsi, o sfoggiavano una salda determinazione anche di fronte agli orrori e alle tragedie peggiori. Ora più che mai, i loro antichi insegnamenti stanno diventando un prerequisito per la vita in un mondo che sembra soltanto correre, diventare sempre più disordinato e allontanare le persone.

Tuttavia, non possiamo farci niente. Siamo sulla strada per diventare stoici e i nostri insegnamenti ci ricordano che la rete intricata del mondo e le sue passioni sono una morsa che si stringerà attorno al nostro collo se glielo permetteremo.

. . .

Quello su cui abbiamo controllo è decidere se lasciare che il nodo ci stritoli. Questo è quello che conta. Questo è quello che dobbiamo accettare se intendiamo vivere come il saggio stoico, seguire le orme di Zenone ed Epitteto, Marco Aurelio il re Filosofo e Giusto Lipsio. Non dobbiamo aggiustare il mondo, e nemmeno noi stessi. Entrambe queste cose sono quello che sono, predeterminate o meno, deterministiche o libere. L'unica cosa che è in nostro potere è il corso dei pensieri della nostra mente e la direzione che vogliamo dargli. E chi lo sa? Magari, portando l'esempio del saggio stoico possiamo dare il via a una trasformazione del mondo, mettere in pratica le filosofie di Zenone di Cizio in modo che si ottenga, se non un mondo perfetto, almeno uno moderato, in cui la razionalità eserciti la sua volontà sulle emozioni, e in cui noi, in quanto società, rinunciamo alle speranze di grandezza, felici piuttosto di spendere i nostri giorni nella contemplazione e nella meditazione.

• • •

Quindi, per raggiungere tale livello di saggezza, dovremo escludere alcune delle applicazioni dello Stoicismo, e dirigerci verso una sinergia che possa dare vita a una definizione unica e coerente di cosa signifchi essere un saggio nell'età moderna, e come tale saggezza possa cambiare la nostra vita in meglio.

La Logoterapia e le atrocità dell'Olocausto

Nel corso della storia umana, nessuno come il filosofo e psicologo Viktor Frankl seppe quantificare il male innato dell'uomo. Frankl, psicologo austriaco ed ebreo della prima metà del XX secolo, fu testimone degli orrori di quattro campi di concentrazione e dovette sopportare la sottomissione, la disumanizzazione e la disperazione per mano di una potenza mondiale, che certamente sfuggiva al suo controllo (Bulka, 1975). In un certo senso, la sua storia è quella dello stoico moderno per eccellenza, un chiaro promemoria dei poteri della mente e dell'abilità di restare coscienti e razionali anche di fronte agli ostacoli più insormontabili e terribili.

• • •

Nel periodo trascorso nei campi, Viktor Frankl sviluppò una dottrina filosofica che chiamò logoterapia, che si fonda sulle basi di un altro psicoterapeuta austriaco, Freud, e che culminò nel seguente assioma: il significato, non il piacere, è il pezzo del puzzle essenziale per una "vita esistenzialmente possibile" (Bulka, 1975). In altre parole, è la ricerca di significato che ci fornisce lo stesso significato. L'unico problema, secondo la teoria di Frankl, è che molti di noi, per lunghissimo tempo, si crogiolano nella mancanza di senso. Non abbiamo una direzione precisa e l'immensità del mondo fisico e di quello emotivo possono darci l'impressione di un abisso vuoto e spaventoso di fronte alle atrocità dell'umanità. Nessuno poteva saperlo meglio di Frankl.

Ma per Frankl, come per Zenone, Epitteto e gli antichi stoici, la sofferenza non è qualcosa di intrinsecamente negativo, perché fornisce significato in un mondo che ne è privo. La sofferenza concede a chi soffre un'opportunità di vedere il mondo per quello che è e per fare ammenda con esso, piuttosto che inveirgli contro con una furia vana, impotente e ostruttiva.

• • •

La sua teoria della logoterapia, sia in quanto psicologia pratica che come branca filosofica, sostiene che la sofferenza è uno strumento di miglioramento umano. In un accostamento paradossale, Frankl sostiene che questa mancanza di significato provocata dalle avversità del mondo offre all'individuo sia la capacità di agire che una sensibilità al significato, la quale deriva dal modo in cui ci si rapporta all'insensatezza del mondo.

Seguendo la linea stoica, la logoterapia, come viene definita da Frankl, è una teoria che tesse le lodi del senso di colpa, in quanto opportunità per migliorare, che considera la finalità della morte come uno specchio attraverso il quale possiamo valutare la nostra vita e ammirare l'imperfezione come lo stato perfetto dell'umanità. In breve, tutta la sua teoria è una manifestazione dell'etica e della dottrina stoica, applicata al mondo moderno per affrontare i problemi di oggi. Attraverso l'esempio di Frankl, possiamo iniziare ad analizzare la nostra ricerca di significato e a vedere mediante delle lenti intrise di apatia la maniera in cui il mondo agisce su di noi, che può sembrare casuale, infausto e assurdo. Egli ci fornisce il contesto entro cui mettere in atto i nostri principi stoici.

• • •

Nella sua carriera di psicologo, Frankl utilizzò i fondamenti della logoterapia per trattare l'ansia e la depressione, il disordine ossessivo compulsivo e, in alcuni casi, anche la schizofrenia. Lo psicologo credeva nei suoi metodi perché aveva scoperto che tutti questi disturbi derivavano da altri problemi che impedivano al malcapitato di vedersi capace di agire. Questo discorso ci riporta al cuore dello Stoicismo moderno. Non essere "agente" significa non essere in grado di agire sul mondo. Coloro che non si vedono come "agenti" sono spettatori passivi e sono pertanto oppressi dall'inesauribile energia delle più grandi forze del mondo, che annientano il benessere dell'individuo.

La logoterapia consente di riordinare il pensiero di chi soffre, mettendolo di fronte al vuoto esistenziale dell'insensatezza e confidandogli il "significato di tutto", lo scopo della nostra vita, ovvero quello di creare significato. Per trovarlo dentro di noi e per usare i nostri poteri di azione, per ricavarlo dal vuoto indifferente.

La sua stessa vita è un modello di virtù, in quanto offre un esempio della forza di volontà presente in tutta l'umanità. Come Epitteto sfidò gli orrori della schiavitù e ne uscì come un saggio pacato e quieto, emotivamente riservato, proprio come Seneca il Giovane sfuggì agli intrighi della corte di Nerone, allo stesso modo, Viktor Frankl si serve delle violenze e delle atrocità del soggetto come un catalizzatore, per dare origine all'interpretazione filosofica dell'uomo come animale, e come una creatura guidata dal desiderio, dalla brama e dalla fame.

. . .

Nella sua filosofia, non esiste uomo in grado di sfuggire completamente alla rete della società. Non esistono soggetti solitari in un'esistenza solitaria. Esiste soltanto l'immenso agglomerato dell'uomo e del mondo, dove gli orrori che la combinazione genera non hanno bisogno di essere disapprovati e combattuti, ma solo accettati e usati come uno strumento con cui possiamo valutare gli effetti del mondo sul nostro stato d'animo, e lavorare per limitarli al meglio.

Anche nella sofferenza c'è un significato, ed è proprio questo il nocciolo della filosofia di Frankl, sviluppatasi in seguito all'esperienza dell'Olocausto e al mondo noncurante. Ricordare questa lezione significa incamminarsi per la strada dello Stoicismo e, per farlo, è necessario accettare che il nostro dominio sul mondo è limitato, mentre il primato che abbiamo sui nostri cuori e sulle nostre menti è illimitato.

Terapia Razionale Emotiva: Uno sguardo più approfondito

Come affermato in precedenza, la Terapia Razionale Emotiva (RET) è la prima applicazione dello Stoicismo moderno, sviluppata nella metà del ventesimo secolo da Alfred Ellis per combattere la sinergia e la relazione casuale tra le credenze intrinsecamente instabili e i deleteri conflitti emozionali che insorgono dalle aspettative esagerate e dal fallimento.

. . .

. . .

Chi è troppo ambizioso nei confronti del mondo e di ciò che esso dovrebbe offrire all'individuo, le sconfitte quotidiane, che riguardano tutti, sono un edificio colossale e terrificante di pensieri vani. Ci perdiamo nel mare dell'energia sciupata e la sensazione di esserci smarriti inibisce la nostra abilità di trovare un senso al mondo e ai suoi agenti. Questo non fa altro che ledere la nostra felicità, il successo e il benessere generale. Ellis sostiene che razionalizzando tali aspettative, possiamo rapportarci in maniera più efficace su ciò che sfugge al nostro controllo.

Con la RET, diventiamo terapisti di noi stessi, siamo noi a scrivere il nostro futuro. Solo così possiamo imparare a usare il potere della mente e la volontà per superare tutto quello che prima ci appariva insormontabile (Vernon, 1998).

Il segreto della RET giace nel fatto che essa offre al praticante la sensazione di poter controllare le emozioni, e insegna a prevenire circostanze emotive che normalmente generano depressone. Il principio fondamentale di questo trattamento è quello di inculcare nel paziente la nozione che le emozioni non sono altro che funzioni del pensiero, e che, quindi, soltanto cambiando il proprio pensiero possiamo cambiare anche le reazioni emotive. Questa tecnica può essere usata per trarre il meglio da qualunque situazione e per concentrarsi sulla positività, anche nella più atroce delle situazioni.

Inoltre, accettare che i propri pensieri siano il catalizzatore delle emozioni permette all'individuo di vedersi nella migliore delle luci. Analizzare razionalmente le proprie sensazioni, significa impegnarsi verso l'accettazione di sé e ricevere i benefici del saggio, il quale non si preoccupa delle pressioni esercitate dalle forze esterne. Queste pratiche offrono a chi le segue tutti gli strumenti con cui edificare una netta divisione tra "prestazioni e valore" (Vernon 1998).

Nella nostra società, invece, il fallimento viene visto come deleterio per l'individuo o come un segno di debolezza di spirito, il che denota un difetto della nostra cognizione e delle nostre convinzioni. È un atteggiamento non necessario, sintomatico della maniera in cui i valori della nostra società sono strutturati attorno a degli ideali superati di individualismo e di successo. È un paradigma centrale della cultura americana e occidentale per gran parte della loro storia, e ha contribuito a creare una società in cui pochi fortunati possono aggiudicarsi grandi poteri e ricchezze a scapito di chi è meno fortunato.

Sappiamo, grazie agli impegni stoici, che queste trappole insignificanti erano incongruenti con una vita virtuosa e felice ai tempi di Zenone come lo sono ora. La RET rimanda all'antica scuola di pensiero perché non tiene in considerazione le nostre prestazioni, in qualsiasi circostanza, come misura di validità in quanto esseri umani. Tiene molto al fatto che il fallimento è naturale e che per superarlo è necessaria una resilienza cosciente e un disprezzo studiato di quanto non è inerente al nostro essere.

All'interno della RET, in quanto scuola di pensiero, esiste una dicotomia tra gli uomini, una linea di separazione tra le convinzioni razionali e quelle che non lo sono. Per Ellis, la croce della fallibilità emotiva sta in quelli che chiama "i dovrei, i devo e i voglio" (Vernon, 1998). Questi ultimi rientrano nella categoria delle convinzioni irrazionali e costituiscono una struttura deterministica che impedisce alle persone di superare i fallimenti per raggiungere uno stato di calma meditativa. Sottoponendoci a queste convinzioni irrazionali non facciamo altro che limitare la nostra abilità a controllarci.

Non siamo all'altezza della massima greca del conoscere sé stessi, perché ci stiamo avvicinando allo sforzo da un punto di vista truccato: è ovvio che non possiamo conoscere noi stessi quando passiamo il tempo attaccati a forze esterne, analizzate attraverso un modo di pensare presuntuoso, aggrappandoci alla negatività che genera depressione e inattività, perché quella stessa negatività è una facciata così vasta che non possiamo vedere cosa le sta intorno. Non possiamo arrivare al cuore delle cose quando non ci rendiamo nemmeno conto che le nostre limitazioni esistono al di fuori di noi stessi.

In breve, la RET è il tentativo dello Stoicismo moderno di trasmettere il messaggio che siamo noi a essere in controllo. Esso cerca di delineare i confini di tale potere di controllo e sposta la nostra attenzione sugli ambiti in cui la riflessione può essere utile per raggiungere uno scopo pratico e positivo.

Con la discussione delle convinzioni irrazionali, Ellis e gli stoici moderni ritengono che gli uomini abbiano il potere di controllare le proprie emozioni pensando diversamente. Questo è il punto di vista centrale che è rimasto solidamente al centro del pensiero stoico nel corso degli anni, e che ha ispirato molti dei pensatori più illuminati del mondo. La bellezza di questa filosofia giace nel fatto che accoglie un pensiero tanto elevato e lo porta tra la gente.

Proprio come Zenone scelse di predicare per le strade di Atene, piuttosto che nelle scuole aristoteliche private, il cui accesso era riservato ai soli privilegiati, la RET di Ellis è uno strumento che possiamo usare per migliorarci, per prendere il controllo delle nostre emozioni e, infine, per sbarazzarci dal nostro cruccio per gli aspetti negativi del mondo.

6

LO STOICISMO NELLA PRATICA

Come possiamo servirci degli insegnamenti degli stoici moderni? Come possono la RET e la logoterapia, e i loro discendenti, a ricordarci chi siamo, e a calmarci in questo mondo di disperazione e in continua trasformazione? Queste domande sono tuttora centrali al discorso filosofico stoico e costituiscono il punto focale della scuola di pensiero.

Al fine di mettere in pratica queste filosofie, vorrei proporre due diverse procedure. Queste ultime rappresentano il modo in cui (1) trasformiamo la nostra vita per mezzo di esercizi di miglioramento e (2) il modo in cui cambiamo la nostra vita mettendo la filosofia in pratica, attraverso l'azione nel mondo reale. Come affermavano gli stoici antichi, la filosofia dovrebbe essere un'arte messa in pratica, piuttosto che un discorso sul sofismo (Baltzly, 2018).

. . .

In questo capitolo cercheremo qualunque indizio nella vita filosofica per comprendere quale strada intraprendere. Indizi su quale direzione dovrebbe prendere la nostra riflessione. Lavoreremo per rendere esecutivi i principi e le attività che promuovono la positività, la produttività e, soprattutto, l'accettazione della nostra identità perché, dopotutto, è questo su cui riflettono le indagini filosofiche, fin dal momento in cui Socrate iniziò i suoi dialoghi, secoli prima di Zenone.

Lo scopo del mettere in pratica la filosofia è quello di migliorare noi stessi, e non può essere raggiunto finché non ci rendiamo conto dei problemi che ci toccherà affrontare. Dobbiamo affrontare il vuoto del mondo insensato e imparare dalla sua indifferenza che noi non abbiamo alcuna importanza per lui e, pertanto, non dovrebbe riguardarci. Gran parte del conflitto dello scorso secolo è provocato dalla nostra incapacità a capire quest'ultimo concetto.

Il fatto che gli sforzi per raggiungere l'impossibile siano vani provoca molta ansia. Fallire di fronte all'impossibile è solo per chi ha imparato ad accettare quello che non può cambiare. Per tutti gli altri, la costante incapacità di ritagliarsi un posto sicuro nel mondo porta a instillare il dubbio nelle nostre abilità innate. Siamo qui per provare che non deve per forza andare così. L'umanità non deve fermarsi alle proprie incapacità, quando è capace di molte altre cose.

Come servirsi di una filosofia di 2500 anni fa nel mondo contemporaneo

Sono moltissime le trasformazioni avvenute da quando Zenone passeggiava per le vie di Atene, da quando Marco Aurelio sedeva sul trono del grande impero. Gli sviluppi a cui assistiamo ogni giorno non potevano nemmeno essere lontanamente concepiti dagli antichi stoici. L'apatia dell'era industriale, in cui l'uomo è stato letteralmente scartato in favore delle tecnologie e delle macchine, diventando un'insulsa figuretta all'ombra delle sue stesse creazioni, l'indigenza delle guerre mondiali e dei genocidi: tutto questo rappresenta la sofferenza che l'uomo impone ai suoi simili, e può essere interpretato come il prodotto di desideri irrazionali e istintivi che si scagliano con l'antico Stoicismo.

Molte delle sfaccettature dell'antico Stoicismo non si applicano più all'età scientifica in cui viviamo, come ad esempio le loro opinioni sulla fisica e sul mondo naturale. Non sentiamo più il bisogno di rafforzare le nostre convinzioni per mezzo dell'oggettivazione delle divinità e nemmeno di aderire alla virtù originale stoica, un tempo fattore fondamentale per vivere una vita buona. Quello di cui abbiamo bisogno, e che lo Stoicismo fornisce ancora ai suoi adepti, è la relativa pace dei sensi promossa dalla mentalità stoica.

L'ideale stoico definito da Zenone di Cizio e da altri è ancora un modello di comportamento che trascende i confini della società e della cultura, e può essere virtualmente benefico a qualunque essere umano su questo pianeta.

. . .

Siamo tutti alla ricerca di significato e siamo frustrati o confusi da quello che non possiamo comprendere appieno o affrontare. Questi sentimenti di paura o confusione sono vecchi tanto quanto l'umanità, ma abbracciando la mentalità stoica, possono essere alleviati coltivando un senso di comprensione di sé stessi in relazione con il mondo nel suo complesso. Questo è quanto predicava Zenone, ovvero che è importante capire noi stessi prima di cercare di cambiare qualsiasi cosa che ci circonda o il mondo in cui viviamo. Un pensiero che è riecheggiato nel corso dei secoli, come nelle Meditazioni di Marco Aurelio o nelle crisi di identità di Giusto Lipsio.

Ma le avversità degli altri possono giovarci. Imparando il modo in cui gli stoici, sia quelli antichi che i moderni, hanno gestito le avversità, abbiamo a disposizione una lunga serie di esempi che convalida i principi originali del pensiero stoico: lo stoico illuminato si preoccupa soltanto di quello che lui o lei può controllare. Non serve a nulla disperarsi per il fallimento, quando alcune cose sono già destinate a fallire. È fondamentale non dimenticarselo, per andare oltre le minuzie della vita quotidiana, e ci dà una prospettiva più ampia rispetto ai problemi che affrontiamo.

La plasticità cerebrale e le evoluzioni del cervello

Uno dei paradossi principali dello Stoicismo è che considera il mondo esterno come deterministico e immutabile. Dal momento in cui Zenone iniziò a sostenere l'idea di un piano provvidenziale per il cosmo, lo Stoicismo stava cercando di difendere la nozione che il mondo non può essere cambiato. Questo si oppone al concetto, diversamente dal mondo nel suo complesso, e a scapito di quanto ci è stato inculcato nella nostra infanzia, abbiamo sempre il potere di cambiare le cose. Nella psicologia moderna, l'abilità del nostro cervello di cambiare e di crescere grazie alle esperienze accumulate prende il nome di "plasticità cerebrale" (Summerhays, 2010).

• • •

Applicando i concetti della plasticità cerebrale alla mentalità stoica è possibile rintracciare dei punti in comune tra i due ambiti. Una ricerca innovativa nel campo della plasticità cerebrale ha permesso di studiare la mente umana uscendo dalle posizioni deterministiche dei freudiani, secondo le quali una volta danneggiata, l'unica soluzione possibile è riprendere i pezzi e riunirli come meglio si può. Gli stoici ritengono che l'idea di una mente immutabile sia molto più terrificante di un mondo immutabile, e l'avvento della plasticità cerebrale ha dato credito agli insegnamenti degli antichi filosofi greci provando, biologicamente, che possiamo controllare il nostro pensiero e che possiamo alterare quei modelli che non ci si addicono.

Quest'idea è stata sostenuta da alcune ricerche scientifiche in merito alle interazioni tra i diversi lobi della nostra corteccia frontale, e puntano il dito contro le pratiche religiose, le quali hanno permesso di aumentare il dominio della corteccia frontale di sinistra, che produce sentimenti gioiosi (Summerhays, 2010).

• • •

...

Persino gli antichi filosofi, senza l'aiuto della medicina moderna, furono in grado di comprendere che lo spirito umano è diviso e, in un certo senso, costantemente in guerra con sé stesso, tra emozioni, azioni e pensieri. Tuttavia, con l'avvento della mappatura cerebrale, questo è divenuto un fatto documentato, e la comunicazione incrociata tra le attività cerebrali di destra e di sinistra è responsabile della nostra abilità di conservare la felicità.

Se gli stoici non sbagliano e se, pertanto, abbiamo controllo sui nostri pensieri, e quindi sulle nostre emozioni, queste scoperte si rivelano fondamentali. Infatti, esse sostengono la validità di una delle convinzioni più antiche e si comportano come un'iniezione di fiducia per tutti coloro che faticano a riorganizzare i propri modelli di pensiero e dar loro una piega positiva. Inoltre, confutano la teoria dell'origine genetica delle patologie legate allo stress e, salvo una contestazione completa di tali nozioni, offre agli studiosi e ai saggi un mezzo per combattere lo stress che potremmo percepire come esterno al controllo individuale.

...

La plasticità cerebrale ha anche implicazioni per l'impiego a lungo termine dei valori stoici applicati alla vita quotidiana. Sostenendo che la ripetizione altera la chimica cerebrale dell'individuo, questo ambito di studi implica per estensione che la ripetizione, con il tempo, rende la manutenzione della felicità e della forza d'animo di fronte alle avversità un percorso esponenzialmente più accessibile per coloro che combattono con questi problemi.

Le ricerche sullo stress e sui ricordi traumatici, in relazione allo stress post-traumatico, hanno già provato l'esistenza e la possibilità di "cambiamenti di funzione dovuti al trattamento di esposizione" (Kolassa e Elbert, 2007). Questo ha delle grandi ripercussioni sullo sviluppo del pensiero stoico. È stato clinicamente dimostrato che, se l'esposizione a determinati stimoli mette in atto dei cambiamenti funzionali nell'hardware del nostro cervello, se quindi essa permette di cablare i neuroni e i recettori perché si comportino diversamente, allora lo Stoicismo si rivela nuovamente come una scuola di pensiero utile ed efficace nell'affrontare alcuni mali della società, come la depressione e l'ansia.

•••

La plasticità cerebrale è solo uno dei progressi dello studio psicologico sulla mente e sullo spirito umano, che ha aiutato a sostenere l'importanza dello Stoicismo. Con la mappatura del cervello e lo sviluppo nella comprensione della sua funzione, non stiamo necessariamente percorrendo un nuovo terreno o facendo nuove scoperte, ma stiamo piuttosto rafforzando una convinzione che permane nella storia della filosofia da venticinque mila anni. La mente è malleabile, e ora disponiamo dei mezzi per provarlo.

Le affermazioni e il potere della positività

In poche parole, le affermazioni sono un tentativo di forzare i pensieri positivi nella nostra mente. Esse funzionano attraverso la ripetizione e attraverso gli stessi meccanismi che alimentano le idee della plasticità cerebrale. È un metodo antico di rafforzamento di determinati comportamenti a scapito di altri, usato spesso nell'ambiente culturale americano da un secolo a questa parte. Si pensi a Bart Simpson che scrive sulla lavagna nella sigla di apertura del cartone animato I Simpson. Potrebbe sembrare un esempio ridicolo, ma dimostra la misura in cui la ripetizione di pensieri positivi possa cambiare, o cercare di cambiare, la nostra natura. È una pratica usata da chi tiene conferenze pubbliche, dagli studenti, dai bambini e dai malati di cancro, al fine di arginare gli effetti devastanti della paranoia, dell'insicurezza e dell'ansia (Wood, et al, 2009). Le affermazioni positive aumentano l'autostima, rafforzano chi parla e instillano confidenza. Abbracciando questa idea, il pensatore stoico è rifornito di un altro valido strumento per il miglioramento di sé.

C'è un altro principio psicologico fondamentale che determina l'efficacia di un'affermazione positiva. Il rinforzo sostiene che, in qualità di animali sociali, gli uomini devono apprendere l'uno dall'altro e sono spinti a ripetere le azioni che hanno provocato degli effetti positivi in passato. Questa tecnica viene impiegata nelle scuole elementari di tutti gli Stati Uniti, ma funziona anche nelle comunità adulte.

Secondo la teoria del rinforzo, i cani proverbiali di Pavlov producono saliva al suono di una campana, perché nella loro mente si è rafforzata l'idea che tale suono sarà seguito dal sapore di carne. Anche gli studenti sono soggetti al rinforzo, e l'uso di questa tecnica nelle scuole ha provato che "l'uso della suggestione implica la programmazione di aspettative positive" (Downing, 1986). Gli studi hanno collegato le affermazioni con un cambiamento di comportamento positivo nei bambini, e dato quello che sappiamo sulla neuroplasticità, non c'è nulla che impedisca loro di funzionare anche sugli adulti (Downing, 1986).

L'efficacia delle affermazioni come strumento di miglioramento di sé e di riallineamento delle impressioni negative giace nella sua semplicità. Non richiede nient'altro che la volontà di impegnarsi nell'aiuto di sé ed è accessibile virtualmente a chiunque nel mondo, tra le diverse variazioni culturali e fasce d'età. Grazie alla ripetizione, alla plasticità cerebrale e all'utilizzo delle affermazioni positive possiamo partire in vantaggio verso il nostro miglioramento, e gli strumenti per realizzare questo fenomeno sono letteralmente integrati in noi, in quanto esseri sociali.

Anche questo dovrebbe essere un sollievo per gli stoici. Gli studi legati all'efficacia delle affermazioni positive hanno avuto risultati differenti, ma la nozione della loro adeguatezza è radicata nel pensiero stoico. I filosofi dello Stoicismo per anni hanno instillato nella coscienza collettiva l'idea che possiamo cambiare le nostre percezioni e attitudini pensando in modo diverso. Se alcuni studiosi hanno trovato prove che dimostrano il contrario, questo non dovrebbe toccarci, proprio come la gamba rotta non toccò Epitteto. Nonostante la sua disgrazia, egli si prestò alla sfida e lasciò un marchio indelebile nella storia della cognizione e del pensiero umani, malgrado le norme sostenessero egli fosse nato in schiavitù. Allo stesso modo noi, in quanto stoici, possiamo decidere di ignorare le recensioni sfavorevoli in merito all'affermazione come forma di psicologia per il miglioramento.

Questa idea è inoltre associata a quella che possiamo chiamare "profezia che si autoadempie". In breve, queste "profezie" non sono altro che un modello di pensiero che si rafforza tramite la ripetizione. Nella vera forma stoica, la profezia che si autoadempie è indifferente, né positiva e nemmeno negativa, perché pensare in quel modo non richiede felicità o sconforto. Questo tipo di profezie rappresentano semplicemente un modello di pensiero molto comune tra gli uomini e mira all'efficacia della plasticità cerebrale e della ripetizione nel determinare le attitudini e gli atteggiamenti.

• • •

Un modello di pensiero può essere considerato una profezia che si autoadempie nel momento in cui si ripete e, pertanto, si rafforza. Pensare "fallirò" è diverso da "fallirò perché fallisco sempre". Il primo è solo un pensiero negativo, ma il secondo diventa una vera e propria profezia che si autoadempie. Questo perché quando si afferma "fallirò perché fallisco sempre", l'interlocutore sta dicendo che il fallimento è predeterminato e si origina dalla sua natura intrinseca. Quindi è praticamente impossibile avere successo con un atteggiamento del genere, e la ripetizione del fallimento provoca uno scivolone da cui è difficile riprendersi. Dopotutto, non è facile ignorare la logica della relazione tra questa affermazione e le prove empiriche dei numerosi fallimenti, uno dopo l'altro.

Ma per uscire dagli schemi non è necessario combattere le profezie che si autoadempiono. Dobbiamo riorientarle in modo che i loro significati intrinsechi siano maggiormente in linea con la positività e l'autostima. In questo modo, le affermazioni non sono altro che profezie autoadempienti. Se chi prevede di fallire perché non è mai riuscito finisce per fallire realmente, allora chi afferma il contrario dovrebbe avere più probabilità di avere successo. Data la natura esponenziale di questo tipo di auto-affermazione, si aggraveranno sia le conseguenze positive che quelle negative.

Per questo motivo, le affermazioni sono pericolose, ma se proviamo la nostra forza d'animo a noi stessi, ne usciamo con un ottimo strumento per combattere l'inefficienza, la pigrizia, lo scarso rendimento e molti altri fattori della vita mal concepiti e che contribuiscono alla dissoluzione del nostro benessere.

Le affermazioni ci ricordano consciamente della persona che vogliamo essere e, allo stesso tempo, esse alterano la persona che siamo in modi poco tangibili. Tenendo a mente i nostri obiettivi e la nostra autostima attraverso l'arte dell'affermazione, cominciamo a migliorare i nostri atteggiamenti semplicemente affermando un miglioramento dell'atteggiamento. È proprio per la doppia natura della utilità delle affermazioni che devono essere elencate tra le attività di allenamento della mente che gli stoici utilizzano per condurre una vita da saggio.

7

LO STOICISMO IN AZIONE

Finora abbiamo analizzato le colonne portanti del movimento stoico, partendo dall'antichità, passando per l'Illuminismo e fino ai giorni nostri, con particolare attenzione alla sua evoluzione come filosofia pratica che cerca di sfuggire alle scuole e di immergersi nel mondo della vita quotidiana, ispezionando alcune delle scienze che rivelano la neurologia della mentalità stoica. In questo capitolo finale parleremo delle pratiche che possono condurre a dei miglioramenti reali ed efficaci nella vita, a una migliore gestione dei compiti e all'autostima. Si tratta di pratiche semplici, ma che non si staccano dalle grandi forze di miglioramento conferite al saggio.

• • •

Grazie alla semplice affermazione o alla gestione del tempo con l'uso di un programma, possiamo già intravedere l'insorgenza di una nuova identità da quelle persone che un tempo faticavano a tollerare le avversità e le pressioni del mondo moderno. I blocchi si accumulano, e dopo poco tempo, lo stoico alle prime armi impara a gestire lo stress di fronte al vuoto insignificante, da cui cerca di trarre significato, e soddisfacendo un'aspettativa valida e ragionevole di successo, che non solo viene considerata dal soggetto in questione ma anche dai pari. La consapevolezza stoica è una tecnica psicologica modellata sulla teoria cognitivo-comportamentale di cui abbiamo parlato sopra, che ha lo scopo di aiutare chi soffre a riprendere il controllo della propria vita.

Gli esercizi che promuovono la sicurezza, la pianificazione attenta e l'auto-giudizio sono fondamentali per riuscire nella riorganizzazione del proprio pensiero. Ora analizzeremo gli aspetti pratici richiesti.

Pianificare: Un male necessario

A nessuno piace pianificare la propria vita. Sarebbe meglio poter scegliere di seguire una strada qualunque, considerata vantaggiosa per il nostro benessere. Purtroppo, viviamo in una società comunitaria fondata su relazioni interpersonali. Le nostre menti sono collegate direttamente a questo tipo di atteggiamento sociale e può sembra difficile vivere una vita senza prendere parte alla società che ci circonda. Questa condizione ha i suoi alti e bassi, e la necessità di pianificazione è uno dei bassi. Se si pensa alla sua necessità, però, è possibile comprendere che l'abilità di gestione del tempo ci consente di essere pronti ad affrontare le avversità. Mantenere un programma aiuta ad avere controllo sulla propria giornata, settimana o mese, e permette di non dimenticare i propri obiettivi.

In questo senso, un programma può servirti per aumentare la tua autostima. Non c'è niente di più appagante di cancellare le cose fatte dalla lista, e la manifestazione fisica del successo, incarnata in quella singola azione, offre una sensazione di adempimento e contribuisce a rafforzare l'idea di aver portato a termine qualcosa. Perché quindi non trasformare il proprio programma in una lista di cose da fare? Non solo riuscirai a stare al passo con tutti i tuoi compiti, ma vedere la pila di compiti ultimati migliorerà anche il tuo umore.

• • •

Dato che il tempo partecipa alla percezione umana del mondo, non vi si può sfuggire tanto quanto l'antica Grecia non poteva sottrarsi ai disastri naturali. Pertanto, lo stoico non deve preoccuparsi del suo scorrere, poiché non è possibile farci nulla. Possiamo soltanto guardarlo passare e sfruttarlo per vivere bene. Stando così le cose, sembrerebbe stupido sprecare del tempo, e gli stoici sosterrebbero che, anche se si prova ad alterare il suo scorrere, è impossibile avere il controllo su come spenderlo. Non c'è niente di peggio di una giornata sprecata, e niente di più deleterio per la mente umana che la sensazione di aver sprecato delle opportunità.

La gestione del tempo è d'aiuto in questa situazione e, programmando tutte le tue attività, aumenterai la probabilità di raggiungere la felicità, poiché diminuisci la quantità di tempo sprecata ad agonizzare sulla lancetta dei secondi mentre ticchetta i minuti che mancano alla tua scadenza, al tuo discorso o al tuo lancio pubblicitario.

• • •

La pianificazione ti rende proattivo e impedisce l'accumulo dello stress. Se l'etica dello Stoicismo è una filosofia in azione, piuttosto che una filosofia della discussione, allora non esiste migliore omaggio agli antichi predecessori se non restare attivi e partecipi nella nostra ricerca di miglioramento.

Valorizzare l'introspezione

I valori e ciò che ci sta a cuore costituiscono una componente principale della filosofia stoica. Epitteto ci ha comunicato che siamo nati con il preconcetto che chi è buono è degno di una "ricerca incondizionata" (Graver 2017). Ha aggiunto che l'errore dell'umanità sta nel fatto che la nozione di bontà viene applicata nella direzione sbagliata. Questo, per gli stoici, è un problema sito nel sistema di valori e nel suo allineamento rispetto ai fattori esterni, che promettono l'illusione della felicità.

Per essere un vero saggio stoico bisogna valorizzare solo quello che rientra nel controllo della propria volontà di potenza. Attribuire un valore significativo a qualsiasi cosa al di fuori di sé stessi porta a un'inevitabile disillusione quando quell'oggetto viene alterato dal mondo o si dimostra un'influenza malsana.

· · ·

Per questo, lo stoico deve mettere in pratica l'introspezione meditando costantemente sui propri valori e assicurandosi di osservare quelli che gli appartengono intrinsecamente. Al fine di adattare i nostri pensieri al contesto delle affermazioni filosofiche di Epitteto è necessario capire che i fenomeni esterni, aventi forza deterministica sulla nostra esistenza, possono essere indifferenti secondo la filosofia stoica classica perché, presi singolarmente, questi fenomeni esterni non garantiscono né inibiscono un reale stato di felicità virtuosa. Ma è ancora importante comprendere che non è nemmeno indifferente il modo in cui gestiamo queste "esterne", come le ha ribattezzate Epitteto. Il trattamento del mondo esterno può essere sia buono che cattivo, in base a quanto corrisponda alla ricerca di felicità.

In termini di introspezione dei valori è fondamentale considerare gli effetti di ciò che perseguiamo sul nostro stato d'animo. Alcune ricerche sono innate al nostro essere creature biologiche. I desideri di cibo, sesso e riparo sono naturali, e nel mondo moderno ci possono essere ben pochi argomenti contro il loro perseguimento, ma quanto bene si traduce questa nozione in altri campi della vita? Più il mondo diventa complesso, più siamo bombardati da nuovi elenchi di cose da perseguire, che siano ricerche intellettuali, spirituali o materiali, e sta a noi fare un passo indietro dal flusso e riflusso della vita quotidiana per valutare se ciò che perseguiamo è intrinsecamente buono per il nostro benessere o meno.

· · ·

Questo potrebbe sembrare attinente al senso comune e, per un certo verso, lo è. Tuttavia, non significa che l'introspezione dei valori e che le modifiche necessarie non dovrebbero essere considerate a fondo dal saggio stoico. Dopotutto, nell'ultima sezione abbiamo discusso sui pericoli legati al tempo sprecato. Quanto è grande questo pericolo moltiplicato quando perdiamo tempo nel perseguimento di ciò che, in definitiva, è dannoso per il nostro benessere? Tale realizzazione può essere devastante, soprattutto quando è troppo tardi per poter fare qualsiasi cambiamento e il danno dovuto al perseguimento è già ormai fatto.

• • •

Tenendo ben in considerazione ciò che è importante per noi, possiamo iniziare a eliminare le attività e i modelli di pensiero che non sono più adatti al nostro benessere. Possiamo adattarci alle modifiche dell'ambiente dovute alle costanti variazioni e trasformazioni del mondo circostante. Inoltre, tenendo d'occhio il nostro sistema di valori possiamo passare del tempo a pensare e a conoscere noi stessi, in modo da apprendere le nostre qualità e gli aspetti unici della mentalità che ci rende individui.

Come affermato in precedenza, gli stoici davano molta importanza ai sistemi di valore a cui aderivano le persone. Questi schemi aiutano a modellare le nostre identità e ciò che ci rende felice, e la realizzazione nella vita consente di mantenere un sistema di valori sufficientemente in linea con la società, in modo da non ostacolare l'interazione umana, ma anche unica per le nostre personalità e mentalità. L'introspezione e la meditazione frequenti, in questo caso, permettono di vivere una vita soddisfacente, prosperosa e ricca forzandoci a fare i conti con una maniera valutativa e imparziale. Questo è essenziale per una vita ben vissuta perché, senza introspezione, saremmo disorientati, e non sapremmo se abbiamo perso la strada per la saggezza finché non è troppo tardi.

Rivalutare le nostre reazioni

Le nostre reazioni a determinati stimoli hanno un'influenza diretta sulla nostra personalità, sul nostro agire e sulla nostra capacità di gestire lo stress. Questo è un principio fondamentale della filosofia stoica e, pertanto, la pratica quotidiana in questo campo aiuterà il saggio a raggiungere una felicità durevole e significativa. Ma come è possibile raggiungerla? A quali standard è necessario aderire?

Tenendo traccia delle nostre reazioni emotive, possiamo avere una maggiore comprensione della nostra persona. Impariamo cosa ci fa scattare, su cosa dobbiamo lavorare e anche come siamo migliorati nella nostra capacità di mantenere una calma stoica di fronte alle avversità. Si tratta di dati cruciali per chi cerca di migliorare sé stesso di fronte a un mondo indifferente. Abbiamo bisogno di queste informazioni per valutare il nostro vero stato mentale e per venire a patti con le aree della cognizione che stiamo cercando di migliorare. La valutazione è un aspetto importante di molte filosofie ed è richiesta nella pratica in molte delle principali religioni del mondo. Questo potrebbe essere dovuto al fatto che la valutazione è l'unico strumento che abbiamo per analizzare la nostra vita. È il segno distintivo dell'individuo illuminato.

Per poter valutare le tue reazioni emotive alle avversità, prendi nota di ciò che ti fa arrabbiare, quando ti senti depresso o ansioso. Cerca di arrivare a una comprensione di ciò che sta causando tali sentimenti, pensando, all'interno del quadro stoico, a ciò che è mutevole e immutabile, ciò su cui abbiamo potere e ciò che è fuori dal nostro controllo. Non è sufficiente sedersi nel traffico con rabbia, affermando a sé stessi l'ovvio: sono arrabbiato perché sono nel traffico.

Questo non tocca minimamente la superficie del perché sei arrabbiato, e avere pensieri come quest'ultimo ti priva della facoltà di determinare la tua vita. Sei arrabbiato perché sei nel traffico. Questa nozione possiede una tale semplicità che ti riduce - un essere umano pensante, respirante e razionale - a un oggetto inanimato su cui il mondo può agire.

• • •

È più costruttivo pensare lungo la linea di quello che causa la rabbia dall'interno, e affrontare questo problema piuttosto che agitare i pugni o battere il volante in preda al furore. Qualunque sia la causa, sei comunque bloccato nel traffico perché non ti sei dato abbastanza tempo per prepararti, e devi essere certo di non dare la colpa alle tue emozioni interne sulla base dei fattori esterni, perché per gli stoici questa è una bugia.

• • •

Le emozioni risiedono unicamente nel tuo cuore e nella tua mente, all'interno del tuo spirito umano. In questa correzione della ragione, potrai interiorizzare la causa delle tue emozioni, traendole dal reame delle cose su cui non hai potere, e collocandole entro il raggio delle tue capacità. Se sei arrabbiato perché sei bloccato nel traffico e sei in ritardo, questa realizzazione è sufficiente per svoltare. Puoi moderare la rabbia assicurandoti di non prepararti al fallimento.

Il pensiero valutativo riguardo all'emozione umana ci aiuta molto a comprendere la relazione causale tra lo stimolo e la reazione. È anche un ottimo modo per il saggio di conoscere sé stesso, fornendo un grande forum interno per deliberare sui tratti e gli attributi che definiscono la personalità e l'identità del saggio. Attraverso questa pratica, ci viene data l'opportunità di fare collegamenti tra le circostanze che creano avversità e il modo in cui gestiamo non solo la situazione ma l'avversità stessa. C'è un modo diverso di gestire il confronto per ogni persona che vive sulla Terra, e comprendendo il modo in cui si affronta tale conflitto, si apre una porta di comprensione nella propria mente che altrimenti sarebbe rimasta chiusa al pensiero filosofico mondiale.

8
I PRINCIPI STOICI LA GRANDE EREDITÀ

Le idee avanzate dallo Stoicismo sono pratiche salutari e inclini alla libertà. Lo Stoicismo moderno è in grado di anestetizzare la sofferenza non necessaria e di spingerti verso una vita prosperosa.

I principi stoici sono stati rivisti e ridefiniti numerose volte. Nel corso delle migliaia di anni si sono verificati dei processi di eliminazione, persino prima che lo Stoicismo avesse un nome e ci potesse servire per il nostro beneficio.

. . .

Possiamo scegliere di vivere come Marco Aurelio o come Seneca.

. . .

Avrai bisogno di fare allenamento, abituarti e incarnare i principi stoici.

Non importa in quale situazione potresti ritrovarti, puoi scegliere comunque il tipo di persona che vuoi essere.

Il processo naturale

Madre Natura, con tutta la sua maestosa beltà, infliggerà malattia, morte e distruzione su qualunque cosa tu abbia mai amato, accogliendo la nuova generazione in questo processo che chiamiamo vita.

Accettare la propria morte e quella dei propri cari significa prepararsi per il futuro terribile che ti aspetta.

• • •

Questo ti dà l'opportunità di essere forte quando gli altri sono deboli, ti permette di consolare chi ti circonda, di prepararti, di risollevare gli animi infelici, e di essere la persona che la tua famiglia e i tuoi amici vorrebbero che fossi. Soprattutto nei momenti di grave perdita e di conflitto.

Accettare il corso della vita può liberarti dalle preoccupazioni eccessive e da una vita troppo conservativa. Solo così potrai prendere dei rischi calcolati per avanzare nella vita.

• • •

Devi accettare il corso della vita come parte costituente della tua realtà.

La sabbia delle clessidre non si ferma per nessuno.

Non dirigerti alla tomba in punta di piedi, cogli qualche opportunità calcolata e preparati per il futuro.

Gratitudine vs Mancanza

Scegli il tuo pensiero con saggezza e controllalo prima che sia lui a controllare te.

Fortunatamente, la tua mente può conservare molti pensieri alla volta. Così hai un enorme libertà su come usare la mente.

Se decidi di reprimere i pensieri automatici e di non pensarci, potrai vivere un'esperienza migliore piuttosto che lasciare la mente in modalità automatica. Il pensiero automatico e senza freni può portare alla proliferazione di pensieri negativi se non sai controllarlo. È fondamentale mettersi al comando, orientare il pensiero e arrestarlo quando sembra andare troppo oltre e quando si dirige verso la delusione.

Puoi decidere se pensare alle cose che possiedi e a ciò per il quale sei grato, oppure se concentrarti su ciò che non possiedi. La seconda opzione porterà al dolore della mancanza, al dolore di pensare che le cose non dovrebbero andare così.

• • •

È poco razionale concentrarsi su ciò che non si possiede, poiché non fa altro che rendere infelici e distruggere la propria salute mentale.

Pensa a tutte le cose per le quali sei grato e avrai una nuova visione positiva sulla vita.

Pensare ripetutamente a ciò che non possiedi può portarti in luoghi oscuri.

La tua immaginazione, memoria e prospettiva possono esserti amici o nemici, distaccandoti dai doni della vita o marciando verso dei migliori.

I buddisti dicono: "Sbarazzati da ogni necessità e desiderio". Questo mi fa sentire meglio ogni volta che lo dico, ma non è molto adatto sul lungo termine.

L'umanità si sarebbe sbriciolata se tutti avessimo adottato questa filosofia.

• • •

L'aspettativa che i tuoi desideri si realizzino è ciò che può fare veramente male, aspettarsi che tutti gli sforzi siano ripagati in futuro, malgrado non sia una prospettiva realistica, non è nient'altro che un'illusione.

Nel contesto stoico, sarebbe meglio serbare speranza ma senza aspettative, sopportare e agire senza aspettarsi che alla fine il risultato sia lo stesso che ci si era prefigurati.

È possibile che i risultati della tua vita siano meglio o peggio di quello che ti aspettavi, ma quello che importante è che tu ce l'abbia messa tutta. Apri la mente alla gratitudine e al benessere, o il potere della mancanza distruggerà la gioia che le tue fortune ti danno.

Ragione

Lo stoico è come uno scienziato che si rivolge al mondo ponendogli delle domande, facendo esperimenti, riuscendo e fallendo.

• • •

Uno scienziato che non giudica le scoperte di questi studi, documenta e prende nota dei risultati.

I fatti della vita vengono emessi da esperimenti di massa.

• • •

La qualità di un esperimento può essere giudicata sulla base della percentuale di variabili a esperimento.

I migliori esperimenti verrebbero eseguiti in grande numero e analizzerebbero il 100% delle varianti.

Anche quando c'è possibilità di errore ma è l'opzione migliore.

Si rilevano numerosi studi e sondaggi imprecisi, ma era prevedibile, perché anche se qualcosa non è perfetto non significa che non sia valido.

Gli studi sociali sono generalmente i più difficili da dimostrare, perché possono avere migliaia di variabili non considerate. La menzogna è soltanto una delle variabili che può alterare i risultati di uno studio sociale, e immagino sia un grande fattore di informazione falsata.

Non dobbiamo mai essere influenzati da uno degli eventi, questo è ciò che viene comunemente chiamato evidenza aneddotica e dovrebbe essere solo parte di una fase di scoperta e di messa in discussione di quella che è la vera natura della realtà.

Potrebbe essere necessario agire su qualcosa solo quando ne si ha una conoscenza parziale, il che è inevitabile nel caso in cui non si disponga di maggiori informazioni. Sappi solo che non riuscirai a vedere chiaramente il cammino come potresti aver sperato.

Essere una persona ragionevole significa cercare la conoscenza con qualsiasi mezzo, solo così è possibile rintracciare la strada più adatta per raggiungere il tuo obiettivo ed evitare di sprecare tempo o altre insidie.

Metti in discussione tutto ciò che apprendi e non pensare di avere delle conclusioni perfettamente formulate. Saltare alle conclusioni ti impedisce di ricevere informazioni nuove e potenzialmente valide.

Per diventare una persona ragionevole è importante valutare le informazioni senza pregiudizi né sentimento, senza lasciare che il tuo passato influisca sul modo in cui sono le cose e non solo nel modo in cui vorresti che fossero.

I sentimenti non dovrebbero cambiare il modo in cui interpretiamo le nostre scoperte.

Le distorsioni cognitive del piacere e del non dispiacere sono probabilmente le forze più possenti in grado di farci scartare i fatti e i numeri che ci vengono presentati.

Essere una persona ragionevole significa riconoscere le verità scomode, rifiutare il pensiero di massa e non credere a tutti incondizionatamente, anche se si tratta di un'autorità, di un esperto, di una persona comune, di un docente o di qualcuno nella tua famiglia. Devi essere tu ad analizzare i fatti e lasciare che siano loro a informarti.

Cerca di superare le tue distorsioni cognitive e prendi le opinioni degli altri per quello che sono, ovvero opinioni. Devi pensare con la tua testa.

Devi essere sempre alla ricerca di informazioni migliori, rivedere e ricostruire la strategia per ogni tuo obiettivo. Continua a sperimentare con la tua vita finché non trovi un modo che ti si addice.

L'autocontrollo

Perché ti sembra giusto metterti dei limiti?

Normalmente fissiamo dei limiti per i nostri bambini, ci si arrende quando diventano adolescenti e raramente loro si costruiscono dei limiti per sé stessi. Nemmeno gli adulti spesso si mettono dei limiti.

Gli unici limiti per gli adulti che vediamo applicati con una certa regolarità sono legati alla dieta e all'alcol, il che è fantastico, dato che è fondamentale proteggere il proprio corpo.

. . .

Perché non mettere dei limiti alla tua mente e alle tue emozioni? Le emozioni e i modelli di pensiero distruttivi devono essere limitati, perché sentimenti come la gelosia e la rabbia possono rovinarti la vita se non vengono contenuti.

Anche i sentimenti positivi come la lussuria possono avere dei risvolti negativi nel caso in cui non si usi l'autocontrollo, perché si può arrivare a rinunciare alla famiglia in un momento di passione.

Ecco perché dovresti allenarti ad arginare i tuoi eccessi emotivi.

Talvolta la vita è difficile, è come se non avessi emozioni, come se queste avessero preso il sopravvento su di te. Diventi schiavo di un caldo afflusso di flussi chimici che si precipitano nelle tue vene, non riesci più a essere razionale, sei come un tossico impazzito sul picco della sua chimica corporea.

Molti diventano dipendenti dalle emozioni forti, cercano la tragedia dove non c'è, tentano in tutti i modi di creare la prossima dose, sono alcolizzati senza bottiglia.

Non devi sottometterti ai tuoi sentimenti, puoi decidere di rallentare e diventare lo spettatore delle reazioni chimiche.

Percepisci le emozioni e guardale mentre annebbiano il tuo pensiero. Mantieni il controllo in modo da non diventare un automa dei tuoi sentimenti, una sotto-personalità a malapena riconoscibile, che distruggerà la sua stessa vita per esprimere il picco del suo stato emotivo.

Prendi il controllo sui tuoi eccessi fisici e mentali prima di aggravare la qualità della tua vita.

La tempra

Alcuni pensano che lo Stoicismo abbia unicamente a che fare con la determinazione e la grinta. In parte questo è vero, ma non per i motivi che uno potrebbe immaginarsi.

Un osservatore esterno degli stoici penserebbe che la determinazione e la grinta da loro usata per portare a termine qualcosa è uno sforzo cosciente.

Credo che la grinta e la determinazione non facciano parte dell'equazione, ma che siano solo il prodotto di una filosofia razionale applicata alla vita.

La difficoltà nel perseguimento di qualsiasi cosa si desideri dovrebbe diventare irrilevante nel momento in cui decidi di farlo. I fattori esterni che causano sofferenze fisiche e psicologiche dovrebbero essere già stati presi in considerazione nel tuo piano, ogni ostacolo ora fa parte del percorso.

• • •

. . .

Hai deciso il prezzo che sei disposto a pagare per ottenere quello che vuoi, tempo, fatica, delusione, malessere e qualunque altra forma di sacrificio che potrebbe richiederti la strada per raggiungere l'obiettivo. Se hai intenzione di pagare con qualunque moneta, tranne con la disabilità e la morte, allora potresti avere l'opportunità di arrivare ovunque vuoi.

Questa ricerca potrebbe farti perdere decine di anni della tua vita, potresti perdere gli amici o i familiari che non vogliono sostenerti, potresti persino abbandonare qualche desiderio sul percorso, ma qual è l'alternativa? Gli anni trascorreranno ugualmente, gli amici spregevoli potrebbero perderti di vista e non puoi avere tutto.

Spero che ora tu capisca che è insensato non battersi per ciò che si vuole. Potrebbe volerci una vita per arrivarci, e questo per molti potrebbe tradursi in determinazione. La verità è che la determinazione è soltanto l'opposto della sconfitta; quindi, significa che non ti stai arrendendo di fronte alla vita.

• • •

Il coraggio, la determinazione e la fermezza sono sforzi necessari per raggiungere una nobile causa.

. . .

Il discorso tenuto da Churchill per convincere il parlamento inglese ad andare in guerra con i nazisti è una dimostrazione chiara di quanto affermato finora.

"Abbiamo davanti a noi un calvario del tipo più grave.
Abbiamo davanti a noi molti, molti lunghi mesi di lotta e di sofferenza.
Voi domandate, qual è la nostra politica?
Vi dirò: è fare la guerra, per mare, terra e cielo, con tutta la nostra potenza e con tutta la forza che Dio può darci;
fare la guerra contro una mostruosa tirannia, mai superata nell'oscuro e deplorevole catalogo dei crimini umani.
Questa è la nostra politica.
Voi domandate, qual è il nostro obiettivo? Posso rispondere con una sola parola: la vittoria. La vittoria a tutti i costi – La vittoria nonostante tutto il terrore – La vittoria, per quanto lunga e difficile la strada possa essere, perché senza la vittoria non c'è sopravvivenza.

Che sia chiaro.
Nessuna sopravvivenza per l'Impero britannico, nessuna sopravvivenza per tutto ciò su cui l'Impero britannico si è retto. Nessuna sopravvivenza per l'anelito, la forza motrice dei tempi, che l'umanità muova avanti verso il suo traguardo.
Assumo il mio incarico con slancio e speranza. Sono sicuro che i popoli non permetteranno che la nostra causa sia sconfitta.
In questo frangente, in questo momento, mi sento in diritto di chiedere l'aiuto di tutti e di dire: 'venite dunque, andiamo avanti assieme con le nostre forze'".

Vivi la tua filosofia

Sii il cambiamento, altrimenti non farne parola. Lo Stoicismo non è un esercizio intellettuale, non è un modo vistoso di pensare o di impressionare gli altri con idee presuntuose.

Non è previsto che il filosofo "da poltrona" mediti e declami, egli è fatto per la vita reale. A volte può sembrare freddo e calcolatore, ma questo è dovuto al fatto che alla natura non importa il tuo zen. Non puoi uscire da una carestia meditando. La vita è dura e talvolta, nei momenti di difficoltà, richiede che tu ti faccia forte.

Lo Stoicismo è un modo di essere, adatto unicamente a essere applicato al mondo reale. Lo stoico cerca di controllare la propria mente, ha i piedi per terra, si adopera per portare a termine determinate cose, allo scopo di proteggere, conservare e migliorare le circostanze.

L'ego e le storielle che ti racconti potrebbero distorcere la tua realtà e dissociarti dal mondo reale.

Lascia che la giostra nella tua mente torni al presente, sii chi vuoi essere, qualcuno per il quale proveresti ammirazione.

Sii come il contadino che pianta i germi del futuro, e non come un individuo smarrito in mondi fantastici.

. . .

• • •

Non puoi arare un campo con la mente, non puoi imparare a nuotare leggendo un libro e non puoi vivere una bella vita se non hai rispetto nei tuoi confronti.

Scegli una visione realista del mondo, agisci stoicamente di fronte alla vita e diventa la persona che pensi di dover diventare, esprimi quei lati arditi e virtuosi e portali con te.

Prova ammirazione per te stesso.

La prudenza

Pianificare in anticipo, programmare e prepararsi per il futuro, senza conoscere quali saranno gli esiti, questa è prudenza.

Alcuni ritengono che un idiota con un piano possa battere un genio che ne è sprovvisto. Non credo che questo discorso valga nella maggior parte dei casi, ma è normale pensare che chi possiede un piano abbia più opportunità di riuscire rispetto a qualcuno che non ne ha.

• • •

Una persona prudente può essere chiamata progettista, ruolo che tutti dovremmo assumere in una certa misura.

. . .

Essere qualche passo in avanti, qualunque sia la situazione, costituisce un enorme vantaggio, e non soltanto nelle competizioni, come negli scacchi o in guerra, ma anche in semplici mansioni come cucinare o guidare verso la destinazione. Un cuoco che prepara tutti gli ingredienti e ha impostato un timer prima ancora di cucinare avrà vita facile, proprio come il guidatore provvisto di navigatore satellitare, mappe e un'immagine mentale di dove sta andando.

La preparazione semplifica la vita, permette di vincere, ma anche di perdere, facilmente.

Integrare dei sistemi di gestione del fallimento all'interno di qualunque processo aiuta ad andare avanti anche quando le cose vanno male. È la ruota di scorta, il kit di pronto soccorso, l'assistenza emergenziale che ti impedisce di arenarti, e questo principio dovrebbe essere usato nella gran parte degli sforzi della vita.

. . .

La prudenza permette di risparmiare tempo, preoccupazioni e lo stress di estinguere costantemente il fuoco della tua vita ordinaria.

. . .

Se pianifichi in anticipo, la tua mente avrà lo spazio per altri pensieri necessari. È molto più difficile rimettersi al passo che partire con un piede sulla linea di arrivo, quindi guarda sempre avanti.

Il realismo

Fantasia contro realtà, una guerra invisibile per la nostra mente.

L'arte cerca di imitare la vita e la vita cerca di imitare l'arte, entrambe fanno un pessimo lavoro.

Shakespeare disse "Siamo tutti attori e il mondo è il nostro palco".

. . .

Ancora peggio di questa verità parziale è il modo in cui le nostre personalità vengono deformate dai media popolari e da altre influenze.

Quanto è imbarazzante scoprire che le nostre figure di riferimento non esistono nel mondo reale, e che gli attori che le impersonano non possiedono nemmeno una delle virtù del personaggio?

. . .

Ti è capitato di lasciarti influenzare dal carattere di un personaggio immaginario, dal suo tono di voce, dalla camminata, dalla cadenza e dal modo in cui reagisce alla vita?

Il modo in cui agisci non dovrebbe essere influenzato dai film, dai media, dagli articoli e dai social network, perché tutto questo non corrisponde alla realtà.

Persino la storia per come la conosciamo è stata alterata: quello che conosciamo è quanto i nostri antenati volevano che sapessimo. Purtroppo, la storia viene scritta dai vincitori, e la storia dei perdenti viene normalmente radiata dai registri. La storia vera è molto più complicata, confusionaria e, soprattutto, molto meno prestigiosa di quello che immaginiamo.

I nostri antenati non hanno niente a che fare con noi. Quindi, non cercare di identificarti con i morti, non c'entri proprio nulla con loro. Anche la vita dei tuoi genitori è diversa e, sebbene possano aver avuto un impatto sulla tua esistenza, non devono definirti in alcun modo. Le etichette che tendiamo ad attribuirci l'uno l'altro non aiutano, ci chiudono in una scatola che, in realtà, non esiste. Usare le etichette significa stereotiparsi in un personaggio, piuttosto che vivere una vita unica.

Alcune persone recitano degli stereotipi che hanno visto nei film o nel mondo della musica, al punto di perdere la propria individualità.

. . .

Persino la sofferenza delle persone viene drammatizzata, in modo che tu possa pensare di vivere una vita meravigliosa e che ti senta in difetto per chi vive in condizioni peggiori delle tue. La verità è che alcune delle persone più felici vivono nelle condizioni peggiori. Ben venga se ti è possibile aiutare queste persone, ma non credere che siano diverse da te, tutti prima o poi siamo vittima delle calamità. Un uomo a cui è stato diagnosticato un tumore è meglio di un bambino che vive nella Foresta amazzonica? Dovremmo aiutare le persone che non possono cavarsela da sole, ma non bisogna sentirsi diversi, facciamo parte tutti dello stesso processo, che consiste nell'essere nati per vivere nel migliore dei modi, per poi morire. Tutti soffrono e la tua specifica sofferenza non è unica al mondo o al gruppo di persone a cui pensi di appartenere, è soltanto vita.

L'idea dell'uomo che ritiene di soffrire in modo speciale è solo frutto dell'immaginazione, tutti perdono gli amici e i parenti nel corso della vita, tutti devono rinunciare al proprio aspetto, si vedono la salute e la vita compromesse. Così vanno le cose, la nostra è una realtà sfortunata per la quale non è necessario sentirsi in colpa, il mondo gira in questo verso.

Anche le parti migliori di noi possono essere distorte, persino i tuoi obiettivi e i tuoi sogni possono essere influenzati per prendere una direzione di cui non ti importa. Sei sicuro di voler vendere la tua vita alle riviste, ai film, alla musica, ai video online e ad altri influencer?

. . .

Sei sicuro che i prodotti che stanno cercando di pubblicizzare ti rendano felice? Ti faranno sentire appagato? Oppure ti troverai di fronte a un'altra montagna da scalare, peraltro controvoglia? Non ha senso cercare la soddisfazione quotidiana scalando una montagna della fantasia altrui. I tuoi sogni e i tuoi obiettivi dovrebbero essere unici quanto te, e anche il modo in cui cerchi raggiungere tali sogni deve essere soddisfacente o piacevole. Non scalare le montagne degli altri sulla base di una fiction di successo, devi seguire il tuo cammino per riuscire nella vita, e non quello altrui.

Un'altra fantasia da cui diffidare è l'illusione del pensiero di gruppo: credere che un gruppo possegga tutte le risposte è soltanto tribalismo, significa scegliere una squadra e sperare di uscirne vincitore. Quali sono le probabilità che le idee di un pensatore libero possano accordarsi con le prospettive di un intero gruppo? Una su un milione, forse, e tuttavia molti scelgono di adottare le idee del gruppo, seguendo i leader senza fiatare. Anche quando le idee del gruppo cambiano, l'individuo sceglie di seguire lo sviluppo personale dei leader e non la propria mente. Se non usi la testa per pensare autonomamente, non solo vivrai circondato dalle tue illusioni, ma anche da quelle della tribù.

Prova a sbarazzarti delle illusioni di identità, stereotipo, etichetta, gruppo, cultura, razza, narrativa mediatica, distorsioni del cinema e di qualunque altra storia che pensi di conoscere sul mondo, lasciati tutto quello che il tuo passato ha di negativo alle spalle, smettila di meditare sul conflitto, perché gran parte delle battaglie che combattiamo sono soltanto nella nostra testa e non se ne andranno mai.

. . .

Sbarazzati di tutte le illusioni, lasciale consumare e liberati del fardello che ti porti sulle spalle. Non hai bisogno di trascinarti tutte quelle narrazioni sul mondo, che ti appesantiscono con la tua storia e quella altrui: solo il presente e il futuro esistono. Cerca in ogni modo di restare ancorato alla realtà, o la tua vita ti sfuggirà inevitabilmente.

9

PREGHIERA DELLA SERENITÀ

Questa preghiera, scritta dal teologo cristiano Reinhold Neibuhr, riassume gran parte del pensiero stoico.

Dio mi ha dato la serenità di accettare le cose che non posso cambiare; il coraggio può cambiare le cose che mi è concesso cambiare; e la saggezza mi aiuta a capire la differenza.

Vivere un giorno alla volta; godersi un momento alla volta; accettare le difficoltà come unica via per la pace; accettare, come fece anche lui, questa Parola immorale.

...

...

Per come è, e non come vorrei che fosse; confidando che lui sistemerà ogni cosa se cedo alla sua volontà; così che io possa essere ragionevolmente felice in questa vita.

E felicissimo con lui, da qui in eterno, fino al prossimo.

Amen

POSTFAZIONE

Lo Stoicismo ha una lunga storia alle spalle, e la vita dei suoi sostenitori ha avuto un'enorme influenza sulla definizione dei principi filosofici.

Dalla questione della schiavitù e della libertà fino alla posizione dell'uomo nel mondo religioso, le problematiche affrontate dallo Stoicismo erano al centro del mondo in cui si stava sviluppando, e i membri occupati nella sua divulgazione utilizzarono l'esperienza personale per darne una spiegazione più chiara alla popolazione.

L'attenzione rivolta ai problemi personali ha spinto le persone a interagire costantemente con questa filosofia, trovando nuovi significati agli insegnamenti originari in seguito all'evoluzione e alle trasformazioni della società. In tempi antichi fu un'innovazione rivoluzionaria, poiché implicava l'azione nel discorso filosofico, piuttosto che servirsi della retorica vuota, delle massime, dei principi e delle leggi ottuse che non offrivano alcun contesto sociale per il miglioramento personale; inoltre, esso invitava le persone a cercare le risposte dentro di sé, invece che interrogare il cielo, o il mare, o qualunque altra manifestazione dell'ignoto.

Invece che catalizzare la sua energia verso i lati sconosciuti della vita su questo pianeta, lo Stoicismo cercò di gettare luce sull'ignoto e sulle profondità inesplorate dell'animo umano e, pertanto, riuscì a catturare l'attenzione di innumerevoli persone. Divenne così una modalità di pensiero accessibile, e il Portico dipinto (o Stoà Pecile) da cui si originò assisté allo svecchiamento della dottrina per mano dei filosofi che continuarono a operare all'interno del contesto di Zenone.

Seguendo le orme di Zenone di Cizio, questi filosofi hanno modificato e ricamato sulla teoria originaria dello Stoicismo dimostrando che il dialogo è un modello adattabile di cognizione mentale, che è stato studiato da oltre due millenni. Proprio come gli stoici modellarono la filosofia sui tempi in cui vivevano, cercando di fornire alla propria cultura i principi attivi per la mente umana, i filosofi dell'antica Roma, del Medioevo europeo e del ventesimo secolo americano, che lavorarono in questo campo di studi, approfondirono i principi della filosofia in modo che si adattassero alle norme culturali e alle società a cui avrebbe dovuto dare beneficio.

Con i più recenti revival del pensiero stoico riusciamo nuovamente a comprendere quanto questa filosofia abbia dimostrato di essere un modo di pensare in continua trasformazione e che può essere adattato ai tempi e alla cultura dei suoi sostenitori. I progressi negli studi sociologici e psicologici hanno ispirato la nuova forma di Stoicismo, e all'interno dei suoi insegnamenti, gli studiosi contemporanei hanno ricevuto gli strumenti per avere successo in questo mondo, e non nella società dell'antica Grecia.

Gran parte delle teorie di questa antica filosofia è attinente solo alla società da cui si generò, ma grazie all'intramontabilità dei suoi principi, lo Stoicismo ha prevalso su altre filosofie che, nello stesso periodo, si sono perse per strada.

Perché è accaduto questo? Cosa rendono l'etica della virtù e una visione naturalistica del mondo così convincenti per l'umanità nel corso dei secoli? Esistono molte risposte a questa domanda, ma vorrei avanzare l'idea che se le qualità dello Stoicismo sono sopravvissute nella mente umana per così tanto tempo è perché non si rivolge a problemi legati alla società o al mondo intero, ma a questioni come l'autostima, l'autorità e il libero arbitrio. Tali questioni sono state un'ottima fonte di intuizione filosofica e molti studiosi hanno contribuito alla nostra comprensione generale del loro ruolo nella discussione intellettuale umana, ma le interpretazioni stoiche di tali questioni sono in possesso di questa atemporalità perché rappresenta atteggiamenti universali che possono essere applicati in ambienti interculturali.

Il primato di questa filosofia e delle sue diverse incarnazioni, sviluppatesi nel corso dei secoli, è dovuto al modo in cui tratta i sentimenti umani. Mentre altri dibattiti sminuiscono il nostro controllo sulle forze emotive che imperversano dentro di noi, sentire un altro punto di vista, trovare conforto nel fatto che controlliamo il modo in cui ci sentiamo sul mondo che ci circonda - anche se non controlliamo quel mondo - è un punto di vista rinfrescante. Forse questo controllo sui nostri sentimenti è quello che ha spinto Giusto Lipsio a adottare la mentalità stoica nel mezzo della sua esegesi. Forse questo gli permise di affrontare un mondo sul punto di lacerarsi per argomenti religiosi settari e di chiedere a sé stesso il diritto di determinare almeno il flusso dei propri pensieri e sentimenti.

Lo stesso atteggiamento viene assunto dagli psico-filosofi contemporanei che desiderano unire le due discipline in un'unica scuola di pensiero. Prima della nascita della terapia cognitivo-comportamentale e i suoi antecedenti stoici, la psicologia era dominata dalle teorie che escludevano la possibilità di autorità umana e lasciavano incombere su di noi la disperazione del passato, che nessuno può cambiare. La disperazione generata dalle prospettive psicologiche, che privava dell'abilità di cambiare il proprio destino, diede vita a un interesse in un nuovo modo di pensare e portò i pionieri del nuovo Stoicismo, come Albert Ellis, a mettere in discussione i paradigmi freudiani che dominavano la psicologia nella prima metà del XX secolo. Nella ricerca di un approccio più umanistico ai disordini mentali, torniamo al punto di vista avanzato da Cleante, Crisippo e Zenone: il dominio di controllo dell'uomo si estende fino al punto in cui scaturisce dalla sua mente, e il resto non conviene nemmeno considerarlo.

Il pensiero stoico è permeato da un senso di libertà. Sebbene i detrattori della filosofia puntualizzassero che nell'abbandonare le redini si possa raggiungere il conforto, per gli stoici, riconoscere di non poter controllare il mondo permette di avere la libertà di concentrarsi sulla propria realtà interiore. Le incarnazioni moderne dello Stoicismo, sotto forma di pratiche terapeutiche, hanno raccolto le vecchie tradizioni della riflessione, implorando gli individui a prendere il controllo dei propri sentimenti e di regolare le proprie azioni in base agli stimoli esterni. Questo è il modo in cui gli stoici hanno deciso di affrontare i problemi dell'indifferenza della società, della sofferenza altrui, della guerra e dell'epidemia, delle devastazioni dovute ai disastri naturali. Essi sostengono che il pensatore non illuminato, preoccupandosi di tali circostanze, non è in grado di risolvere il problema e non fa altro che agitarsi in un vortice di emozioni male informate, che impediscono di raggiungere un qualunque pensiero di ordine superiore.

Potrebbe essere difficile seguire gli insegnamenti di Zenone, soprattutto se si pensa al fatto che, secondo gli storici, egli era un uomo altero, senza famiglia né figli. Ma Zenone di Cizio sapeva perfettamente quello di cui doveva preoccuparsi e quello per il quale non ne valeva la pena e, nonostante desse l'impressione di essere infelice, possedeva tutte le qualità del saggio erudito, e combatteva con l'incertezza emotiva in un periodo storico che giaceva ormai sul precipizio, ora oscillando verso la pace, e ora verso la desolazione assoluta.

Sebbene sia complicato rispettare questi insegnamenti, il premio per l'onorevole saggio è la felicità di sapere di essere al controllo di quello che proviene dal suo interno. Il mondo potrebbe cercare di abbatterti, torturarti ogni giorno di più, finché non penserai ad altro che a piangere disperatamente verso il cielo, ma dimenticare le dottrine dello Stoicismo significa dimenticare il conflitto temporaneo di un mondo che è indifferente.

Tenere a mente gli insegnamenti dello Stoicismo significa rientrare in possesso del proprio destino e opporsi alle avversità del mondo moderno, per trovare conforto nella riflessione e per dominare il subbuglio interiore di un'anima instabile, indipendentemente dalla situazione del mondo esterno.

Questo è il dono di Zenone di Cizio all'umanità. Seguire le sue orme significa onorare il lavoro di uno dei migliori pensatori del mondo.

RECENSIONE

Per lasciare una recensione a questo libro, usare il seguente link:

Non ho parole per esprimere quanto i feedback e le recensioni possano essere importanti per noi. Siete voi a tenere in vita il libro. Grazie mille per averlo letto.
  - Andreas Athanas

BIBLIOGRAFIA

Baltzly, D., Stoicism. The Stanford Encyclopedia of Philosophy, 2019.

Blau, S., COGNITIVE DARWINISM: Rational-Emotive Therapy and the Theory of Neuronal Group Selection. ETC: A Review of General Semantics, 50(4), 1993, pp. 403-441.

Bulka, R., LOGOTHERAPY AS A RESPONSE TO THE HOLOCAUST. Tradition: A
Journal of Orthodox Jewish Thought, 15(1/2), 1985, pp. 89-96.

Downing, C., Affirmations: Steps to counter negative, self-fulfilling prophecies. Elementary School Guidance & Counseling, 20(3), 1986, pp. 174-179. (consultato su http://www.jstor.org/stable/42868729).

Ellis, A., Rational-Emotive Therapy and the School Counselor. The School Counselor, 22(4), 1975, pp. 236-242.

Erskine, A., Zeno and the Beginning of Stoicism. Classics Ireland, 7, 2000, pp. 51-60.

Grant, F., St. Paul and Stoicism. The Biblical World, 45(5), 1915, pp. 268-281.

Graver, M., Epictetus. The Stanford Encyclopedia of Philosophy, 2017.

Kamtekar, R., Marcus Aurelius: The Stanford Encyclopedia of Philosophy, 2018.

Kolassa, I., & Elbert, T., Structural and Functional Neuroplasticity in Relation to Traumatic Stress. Current Directions in Psychological Science, 16(6), 2007, pp. 321-325.

Mark, J., Zeno of Citium (consultato su https://www.ancient.eu/Zeno_of_Citium/ il 11 febbraio 2015).

Noyen, P., Marcus Aurelius: The Greatest Practitioner of Stoicism, 1995.

Papy, J., Justus Lipsius. The Stanford Encyclopedia of Philosophy, 2019.

Summerhays, J., Twisted Thoughts and Elastic Molecules: Recent Developments in Neuro- plasticity. Brigham Young University Studies, 49(1), 2010, pp. 160-166.

Ure, M., Nietzsche's Free Spirit Trilogy and Stoic Therapy. Journal of Nietzsche Studies, (38), 2009, pp. 60-84.

Vernon, A., Promoting Prevention: Applications of Rational Emotive Behavior Therapy. Beyond Behavior, 9(2), 1998, 14-24.

Vogt, K., Seneca. The Stanford Encyclopedia of Philosophy, 2016.

www.ingramcontent.com/pod-product-compliance
Lightning Source LLC
Chambersburg PA
CBHW071737080526
44588CB00013B/2066